180 Days of WRITING for Third Grade

Spanish

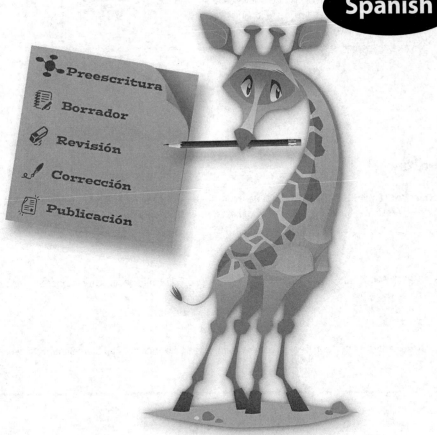

- Preescritura
- Borrador
- Revisión
- Corrección
- Publicación

Author

Kristi Sturgeon

Shell Education

Standards

For information on how this resource meets national and other state standards, see pages 4–6. You may also review this information by scanning the QR code or visiting our website at www.shelleducation.com and following the on-screen directions.

Publishing Credits

Corinne Burton, M.A.Ed., *President*; Emily R. Smith, M.A.Ed., *Content Director*; Jennifer Wilson, *Editor*; Grace Alba Le, *Multimedia Designer*; Don Tran, *Production Artist*; Stephanie Bernard, *Assistant Editor*; Amber Goff, *Editorial Assistant*

Image Credits

pp. 47, 61, 64, 66, 69, 85–88, 95, 101–102, 111, 113–115, 156, 172, 191–192, 213–214: iStock; All other images Shutterstock

Standards

Shell Education
5482 Argosy Avenue
Huntington Beach, CA 92649-1030
www.tcmpub.com/shell-education
ISBN 978-1-0876-4873-6
© 2021 Shell Education Publishing, Inc.

TABLE OF CONTENTS

INTRODUCTION

The Need for Practice

To be successful in today's writing classrooms, students must deeply understand both concepts and procedures so that they can discuss and demonstrate their understanding. Demonstrating understanding is a process that must be continually practiced for students to be successful. Practice is especially important to help students apply their concrete, conceptual understanding of each particular writing skill.

Understanding Assessment

In addition to providing opportunities for frequent practice, teachers must be able to assess students' writing skills. This is important so that teachers can adequately address students' misconceptions, build on their current understandings, and challenge them appropriately. Assessment is a long-term process that involves careful analysis of student responses from a discussion, project, practice sheet, or test. When analyzing the data, it is important for teachers to reflect on how their teaching practices may have influenced students' responses and to identify those areas where additional instruction may be required. In short, the data gathered from assessments should be used to inform instruction: slow down, speed up, or reteach. This type of assessment is called *formative assessment*.

HOW TO USE THIS BOOK

With *180 Days of Writing*, creative, theme-based units guide students as they practice the five steps of the writing process: prewriting, drafting, revising, editing, and publishing. During each odd week (Weeks 1, 3, 5, etc.), students interact with mentor texts. Then, students apply their learning by writing their own pieces during each following even week (Weeks 2, 4, 6, etc.). Many practice pages also focus on grammar/language standards to help improve students' writing.

Easy to Use and Standards Based

These daily activities reinforce grade-level skills across the various genres of writing: opinion, informative/explanatory, and narrative. Each day provides a full practice page, making the activities easy to prepare and implement as part of a classroom morning routine, at the beginning of each writing lesson, or as homework.

The chart below indicates the writing and language standards that are addressed throughout this book. See pages 5–6 for a breakdown of which writing standard is covered in each week. **Note:** Students may not have deep understandings of some topics in this book. Remember to assess students based on their writing skills and not their content knowledge.

College and Career Readiness Standards

Writing 3.1—Write opinion pieces on topics or texts, supporting a point of view with reasons.
Writing 3.2—Write informative/explanatory texts to examine a topic and convey ideas and information clearly.
Writing 3.3—Write narratives to develop real or imagined experiences or events using elective technique, descriptive details, and clear event sequences
Language 3.1—Demonstrate command of the conventions of standard English grammar and usage when writing or speaking.
Language 3.2—Demonstrate command of the conventions of standard English capitalization, punctuation, and spelling when writing.
Language 3.4—Determine or clarify the meaning of unknown and multiple-meaning words and phrases based on *grade 3 reading and content,* choosing flexibly from a range of strategies
Language 3.5—Demonstrate understanding of word relationships and nuances in word meanings.

HOW TO USE THIS BOOK (cont.)

Below is a list of overarching themes, corresponding weekly themes, and the writing standards that students will encounter throughout this book. For each overarching theme, students will interact with mentor texts in the odd week and then apply their learning by writing their own pieces in the even week. **Note:** The writing prompts for each week can be found on pages 7–8. You may wish to display the prompts in the classroom for students to reference throughout the appropriate weeks.

Overarching Themes	Weekly Themes	Standards
Biomes	**Week 1:** Desert Animals **Week 2:** Tundra Animals	**Writing 3.2**—Write informative/explanatory texts to examine a topic and convey ideas and information clearly.
Seasons	**Week 3:** Summer/Fall **Week 4:** Winter/Spring	**Writing 3.1**—Write opinion pieces on topics or texts, supporting a point of view with reasons.
Animals	**Week 5:** Wild Animals **Week 6:** Pets	**Writing 3.1**—Write opinion pieces on topics or texts, supporting a point of view with reasons.
Geography	**Week 7:** Continents **Week 8:** Bodies of Water	**Writing 3.2**—Write informative/explanatory texts to examine a topic and convey ideas and information clearly.
Traditions	**Week 9:** Birthdays **Week 10:** Holidays	**Writing 3.3**—Write narratives to develop real or imagined experiences or events using elective technique, descriptive details, and clear event sequences.
Natural Disasters	**Week 11:** Tornadoes **Week 12:** Earthquakes	**Writing 3.2**—Write informative/explanatory texts to examine a topic and convey ideas and information clearly.
Travel	**Week 13:** Air Travel **Week 14:** Land Travel	**Writing 3.3**—Write narratives to develop real or imagined experiences or events using elective technique, descriptive details, and clear event sequences.
Superheroes	**Week 15:** Superheroes **Week 16:** Villains	**Writing 3.1**—Write opinion pieces on topics or texts, supporting a point of view with reasons.
Wonders of the World	**Week 17:** Grand Canyon **Week 18:** Egyptian Pyramids	**Writing 3.2**—Write informative/explanatory texts to examine a topic and convey ideas and information clearly.

HOW TO USE THIS BOOK (cont.)

Overarching Themes	Weekly Themes	Standards
Inventors	**Week 19:** Thomas Edison **Week 20:** Benjamin Franklin	**Writing 3.3**—Write narratives to develop real or imagined experiences or events using elective technique, descriptive details, and clear event sequences.
Under the Sea	**Week 21:** Octopuses **Week 22:** Sharks	**Writing 3.2**—Write informative/explanatory texts to examine a topic and convey ideas and information clearly.
Solar System	**Week 23:** Planets **Week 24:** Sun and Moon	**Writing 3.2**—Write informative/explanatory texts to examine a topic and convey ideas and information clearly.
Famous Authors	**Week 25:** Eric Carle **Week 26:** J. K. Rowling	**Writing 3.3**—Write narratives to develop real or imagined experiences or events using elective technique, descriptive details, and clear event sequences.
Insects	**Week 27:** Butterflies **Week 28:** Bees	**Writing 3.1**—Write opinion pieces on topics or texts, supporting a point of view with reasons.
Desserts	**Week 29:** Cookies **Week 30:** Ice Cream	**Writing 3.1**—Write opinion pieces on topics or texts, supporting a point of view with reasons.
Volcanoes	**Week 31:** Active Volcanoes **Week 32:** Dormant Volcanoes	**Writing 3.3**—Write narratives to develop real or imagined experiences or events using elective technique, descriptive details, and clear event sequences.
The Great Outdoors	**Week 33:** Hiking **Week 34:** Camping	**Writing 3.1**—Write opinion pieces on topics or texts, supporting a point of view with reasons.
Government Offices	**Week 35:** Public Library **Week 36:** Post Office	**Writing 3.3**—Write narratives to develop real or imagined experiences or events using elective technique, descriptive details, and clear event sequences.

HOW TO USE THIS BOOK (cont.)

Weekly Setup

Write each prompt on the board throughout the appropriate week. Students should reference the prompts as they work through the activity pages so that they stay focused on the topics and the right genre of writing: opinion, informative/explanatory, and narrative. You may wish to print copies of this chart from the digital resources (filename: G3_writingprompts_SP.pdf) and distribute them to students to keep throughout the school year.

Semana	Tema
1	Describe los tipos de animales que viven en un desierto. Incluye datos específicos sobre cómo los animales se adaptan y viven en el ambiente.
2	Describe los tipos de animales que viven en una tundra. Incluye datos específicos sobre cómo los animales se adaptan y viven en el ambiente.
3	¡Es un concurso! Tanto el otoño como el verano creen que son la mejor estación del año. ¿Qué estación respaldarás? Proporciona motivos que respalden tu opinión.
4	¡Es un concurso! Tanto el invierno como la primavera creen que son la mejor estación del año. ¿Qué estación respaldarás? Proporciona motivos que respalden tu opinión.
5	Escribe un párrafo de opinión sobre cuál es el animal silvestre que más te gusta. Asegúrate de incluir adjetivos descriptivos para respaldar tu opinión.
6	Escribe un párrafo de opinión sobre el animal que crees que es la mejor mascota. Asegúrate de incluir adjetivos descriptivos para respaldar tu opinión.
7	Escribe un párrafo informativo/explicativo sobre los continentes. Incluye al menos dos continentes en tu redacción y explica las características singulares de cada uno.
8	Escribe un párrafo informativo/explicativo sobre los cuerpos de agua. Incluye al menos dos tipos de cuerpos de agua y explica cómo son.

Semana	Tema
9	Imagina que harás una fiesta de cumpleaños. Escribe un párrafo narrativo para describir la celebración. Incluye detalles de cómo te preparas para la fiesta y qué ocurre en la fiesta.
10	Piensa en un día festivo que hayas celebrado. Describe la celebración. Incluye al menos dos líneas de diálogo.
11	Piensa en los tornados. Escribe un párrafo informativo/explicativo sobre los tornados. Incluye datos sobre cómo comienzan y qué daños pueden causar.
12	Piensa en los terremotos. Escribe un párrafo informativo/explicativo sobre los terremotos. Incluye datos sobre cómo comienzan y qué daños pueden causar.
13	Imagina que te desplazas a algún lado por aire. Describe tu experiencia. Asegúrate de incluir personajes, ambientación, conflicto(s), una acción creciente y un desenlace.
14	Imagina que te desplazas a algún lado por tierra. Describe tu experiencia. Asegúrate de incluir personajes, ambientación, conflicto(s), una acción creciente y un desenlace.
15	¿Te gustan los superhéroes? Escribe un párrafo de opinión sobre si los superhéroes son algo bueno. Incluye al menos tres razones que respalden tu opinión.
16	Todas las personas parecen estar siempre del lado de los superhéroes. Las personas creen que los villanos tienen demasiada maldad como para apoyarlos. Escribe un párrafo de opinión que explique por qué deberíamos comprender la perspectiva de los villanos.

HOW TO USE THIS BOOK *(cont.)*

Semana	Tema
17	Piensa en el Gran Cañón. Escribe un párrafo informativo/explicativo sobre el Gran Cañón. Incluye datos sobre lo que puedes hallar ahí.
18	Piensa en las pirámides egipcias. Escribe un párrafo informativo/explicativo sobre las pirámides egipcias. Incluye datos sobre cómo son y cómo se utilizaron.
19	Escribe un párrafo narrativo sobre un encuentro con Thomas Edison. Incluye detalles sobre la invención de la bombilla de luz.
20	Escribe un párrafo narrativo sobre un encuentro con Benjamin Franklin. Incluye detalles sobre lo que pasó cuando lo conociste.
21	Piensa en los pulpos. Escribe un párrafo informativo/explicativo sobre los pulpos. Incluye datos sobre cómo se protegen de los depredadores.
22	Piensa en los tiburones. Escribe un párrafo informativo/explicativo sobre los tiburones. Incluye datos sobre lo que comen y cómo lucen.
23	Piensa en los planetas. Escribe un párrafo informativo/explicativo sobre los planetas. Incluye detalles sobre algunos de los planetas de nuestro sistema solar.
24	Piensa en el Sol y la Luna. Escribe un párrafo informativo/explicativo sobre los datos más interesantes de ellos. También, analiza las similitudes y diferencias.
25	Imagina que estás entrevistando a Eric Carle. ¿Qué le preguntarías? ¿Sobre qué conversarían? Redacta un diálogo inventado entre ustedes dos. Incluye al menos tres preguntas con las respuestas correspondientes.
26	Imagina que estás entrevistando a J. K. Rowling. ¿Qué le preguntarías? ¿Sobre qué conversarían? Redacta un diálogo inventado entre ustedes dos. Incluye al menos tres preguntas con las respuestas correspondientes.

Semana	Tema
27	¿Crees que las mariposas son insectos asombrosos? Explica por qué crees que son asombrosos o por qué no. Menciona al menos tres razones que respalden tu opinión.
28	¿Crees que las abejas son interesantes? Escribe un párrafo que exprese tu opinión. Menciona al menos tres razones que respalden tu opinión.
29	¿Te gustan las galletas? Explica por qué te gustan o por qué no. Menciona al menos tres razones que respalden tu opinión.
30	¿Crees que el helado es el mejor postre? Escribe un párrafo de opinión que explique lo que piensas. Menciona al menos tres razones que respalden tu opinión.
31	Imagina que tu maestro les enseñará sobre volcanes en actividad. Escribe un párrafo narrativo sobre tu experiencia. Recuerda escribir en orden secuencial.
32	Imagina que estás cerca de un volcán latente. Escribe un párrafo narrativo sobre tu experiencia. Recuerda escribir en orden secuencial.
33	¿Te gusta el senderismo? Escribe un párrafo de opinión donde expliques por qué te gusta o no te gusta el senderismo. Incluye al menos tres razones que respalden tu opinión.
34	¿Te gusta acampar? Escribe un párrafo de opinión donde expliques por qué te gusta o no te gusta acampar. Incluye al menos tres razones que respalden tu opinión.
35	Imagina que harás una visita a la biblioteca pública. Escribe un párrafo narrativo que describa lo que ocurre en la visita. Incluye detalles sobre los sucesos que ocurrirán durante la visita.
36	Imagina que necesitas enviar un paquete por correo y que acabas de llegar a la oficina de correos. ¿Qué haces a continuación? ¿Cómo te aseguras de que tu paquete se envíe? Escribe una narración sobre tu experiencia.

126828—180 Days of Writing—Spanish

HOW TO USE THIS BOOK (cont.)

Using the Practice Pages

The activity pages provide practice and assessment opportunities for each day of the school year. Teachers may wish to prepare packets of weekly practice pages for the classroom or for homework. As outlined on pages 5–6, each two-week unit is aligned to one writing standard. **Note:** Before implementing each week's activity pages, review the corresponding prompt on pages 7–8 with students and have students brainstorm thoughts about each topic.

On odd weeks, students practice the daily skills using mentor texts. On even weeks, students use what they have learned in the previous week and apply it to their own writing.

Each day focuses on one of the steps in the writing process: prewriting, drafting, revising, editing, and publishing.

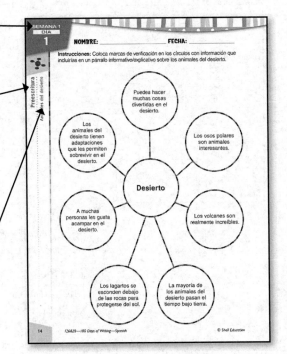

There are 18 overarching themes. Each odd week and the following even week focus on unique themes that fit under one overarching theme. For a list of the overarching themes and individual weekly themes, see pages 5–6.

Using the Resources

The following resources will be helpful to students as they complete the activity pages. Print copies of these resources and provide them to students to keep at their desks.

Rubrics for the three genres of writing (opinion, informative/explanatory, and narrative) can be found on pages 202–204. Use the rubrics to assess students' writing at the end of each even week. Be sure to share these rubrics with students often so that they know what is expected of them.

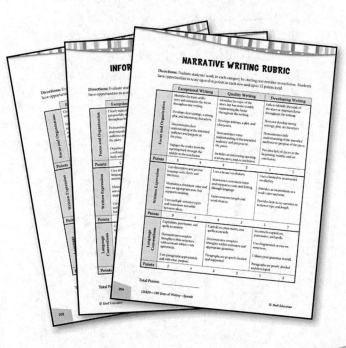

HOW TO USE THIS BOOK *(cont.)*

Using the Resources *(cont.)*

The Writing Process can be found on page 208 and in the digital resources (filename: G3_writing_process_SP.pdf). Students can reference each step of the writing process as they move through each week.

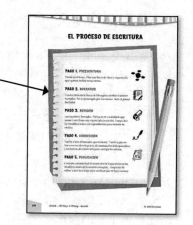

Editing Marks can be found on page 209 and in the digital resources (filename: G3_editing_marks_SP.pdf). Students may need to reference this page as they work on the editing activities (Day 4s).

If you wish to have students peer or self-edit their writing, a *Peer/Self-Editing Checklist* is provided in the digital resources (filename: G3_peer_checklist_SP.pdf).

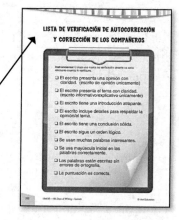

Writing Signs for each of the writing genres are on pages 213–215 and in the digital resources (filename: G3_writing_signs_SP.pdf). Hang the signs up during the appropriate two-week units to remind students which type of writing they are focusing on.

Writing Tips pages for each of the writing genres can be found on pages 210–212 and in the digital resources (filename: G3_writing_tips_SP.pdf). Students can reference the appropriate *Writing Tips* pages as they work through the weeks.

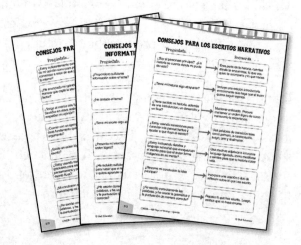

HOW TO USE THIS BOOK *(cont.)*

Diagnostic Assessment

Teachers can use the practice pages as diagnostic assessments. The data analysis tools included with the book enable teachers or parents to quickly score students' work and monitor their progress. Teachers and parents can quickly see which writing skills students may need to target further to develop proficiency.

After students complete each two-week unit, score each students' even week Day 5 published piece using the appropriate, genre-specific rubric (pages 202–204). Then, complete the *Practice Page Item Analysis* (pages 205–207) that matches the writing genre. These charts are also provided in the digital resources (filenames: G3_opinion_analysis.pdf, G3_inform_analysis.pdf, G3_narrative_analysis.pdf). Teachers can input data into the electronic files directly on the computer, or they can print the pages and analyze students' work using paper and pencil.

To Complete the Practice Page Item Analyses:

- Write or type students' names in the far-left column. Depending on the number of students, more than one copy of the form may be needed, or you may need to add rows.

- The weeks in which the particular writing genres are the focus are indicated across the tops of the charts. **Note:** Students are only assessed on the even weeks, therefore the odd weeks are not included on the charts.

- For each student, record his or her rubric score in the appropriate column.

- Add the scores for each student after they've focused on a particular writing genre twice. Place that sum in the far right column. Use these scores as benchmarks to determine how each student is performing. This allows for three benchmarks during the year that you can use to gather formative diagnostic data.

HOW TO USE THIS BOOK *(cont.)*

Using the Results to Differentiate Instruction

Once results are gathered and analyzed, teachers can use the results to inform the way they differentiate instruction. The data can help determine which writing types are the most difficult for students and which students need additional instructional support and continued practice.

Whole-Class Support

The results of the diagnostic analysis may show that the entire class is struggling with a particular writing genre. If these concepts have been taught in the past, this indicates that further instruction or reteaching is necessary. If these concepts have not been taught in the past, this data is a great preassessment and may demonstrate that students do not have a working knowledge of the concepts. Thus, careful planning for the length of the unit(s) or lesson(s) must be considered, and additional front-loading may be required.

Small-Group or Individual Support

The results of the diagnostic analysis may show that an individual student or a small group of students is struggling with a particular writing genre. If these concepts have been taught in the past, this indicates that further instruction or reteaching is necessary. Consider pulling these students aside to instruct them further on the concept(s) while others are working independently. Students may also benefit from extra practice using games or computer-based resources. Teachers can also use the results to help identify individual students or groups of proficient students who are ready for enrichment or above-grade-level instruction. These students may benefit from independent learning contracts or more challenging activities.

Digital Resources

Reference page 216 for information about accessing the digital resources and an overview of the contents.

126828—180 Days of Writing—Spanish

STANDARDS CORRELATIONS

Shell Education is committed to producing educational materials that are research and standards based. All products are correlated to the academic standards of all 50 states, the District of Columbia, the Department of Defense Dependent Schools, and the Canadian provinces.

How to Find Standards Correlations

To print a customized correlation report of this product for your state, visit **www.tcmpub.com/ administrators/correlations/** and follow the online directions. If you require assistance in printing correlation reports, please contact the Customer Service Department at 1-877-777-3450.

Purpose and Intent of Standards

The Every Student Succeeds Act (ESSA) mandates that all states adopt challenging academic standards that help students meet the goal of college and career readiness. While many states already adopted academic standards prior to ESSA, the act continues to hold states accountable for detailed and comprehensive standards.

Standards are designed to focus instruction and guide adoption of curricula. Standards are statements that describe the criteria necessary for students to meet specific academic goals. They define the knowledge, skills, and content students should acquire at each level. Standards are also used to develop standardized tests to evaluate students' academic progress. Teachers are required to demonstrate how their lessons meet state standards. State standards are used in the development of all Shell products, so educators can be assured they meet the academic requirements of each state.

NOMBRE: _____ **FECHA:** _____

Instrucciones: Coloca marcas de verificación en los círculos con información que incluirías en un párrafo informativo/explicativo sobre los animales del desierto.

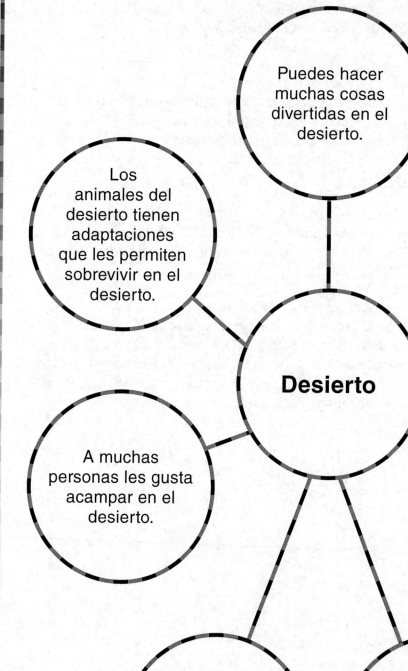

Puedes hacer muchas cosas divertidas en el desierto.

Los animales del desierto tienen adaptaciones que les permiten sobrevivir en el desierto.

Los osos polares son animales interesantes.

Desierto

A muchas personas les gusta acampar en el desierto.

Los volcanes son realmente increíbles.

Los lagartos se esconden debajo de las rocas para protegerse del sol.

La mayoría de los animales del desierto pasan el tiempo bajo tierra.

NOMBRE: _____ **FECHA:** _____

Instrucciones: Lee el párrafo informativo/explicativo sobre los animales del desierto. Luego, responde las preguntas.

> Los animales del desierto deben adaptarse al calor extremo y a la falta de agua. Muchos animales solo son activos de noche debido al calor que hace durante el día. Algunos animales no necesitan beber agua. Obtienen suficiente agua de las plantas y semillas que comen. Muchos animales del desierto no tienen glándulas sudoríparas, lo cual les permite conservar la mayor parte de la humedad durante el día. Las aves tienen plumas que les permiten mantenerse frescas y cubiertas a lo largo del día.

1. ¿Cuál es la oración temática?

_____

_____

2. ¿Cómo puede el autor mejorar el párrafo?

_____

_____

_____

_____

_____

¡Recuerda!

Un párrafo informativo/ explicativo sólido debería incluir lo siguiente:

- una oración temática
- tres detalles que respalden la idea principal
- una oración de conclusión

Práctica de letra de molde abc

Instrucciones: Usa tu mejor letra de molde para escribir dos adjetivos sobre los animales del desierto.

_____

_____

NOMBRE: _____ **FECHA:** _____

Instrucciones: Lee las oraciones. Los sujetos son correctos, pero algunos de los verbos no. Escribe *C* si una oración es correcta. Escribe *I* si una oración es incorrecta. Corrige todos los verbos incorrectos en las líneas.

_____ **1.** Los científicos estudian los animales del desierto.

_____

_____ **2.** Los camellos camina por las dunas de arena.

_____

_____ **3.** El lagarto se entierran debajo de una roca.

_____

_____ **4.** Los animales del desierto se adapta a su entorno.

_____

¡Refuerza tu aprendizaje!

La **concordancia entre sujeto y verbo** indica que el sujeto y el verbo deben concordar en género, número y persona. Si un sujeto es singular, el verbo debe estar en singular. Si un sujeto es plural, el verbo debe estar en plural.

Ejemplos

- **El excursionista ve** animales únicos en el desierto.

- **Los excursionistas ven** animales únicos en el desierto.

NOMBRE: _____ **FECHA:** _____

Instrucciones: Usa el símbolo ✐ para tachar las palabras que están escritas con errores de ortografía. Luego, escribe las palabras corregidas encima de ellas.

1. En el bioma de los desiertos caen menos de 10 pulgadas (25.4 cm) de lluvia al anyo.

2. Los animales viven en deciertos calurosos y en deciertos fríos.

3. Las tormentas de arena son frecuentes en desiertos ecstensos y polvorientos, y pueden molestar a los animales.

4. Los animales tienen diferentes pezos para sobrevivir a las condiciones extremas del desierto.

5. Los lagartos, los roedores pequeños, las serpientes y los cameyos son algunos de los animales que viven en el desierto.

¡Refuerza tu aprendizaje! 🚀

Cuando encuentras una palabra escrita con errores de ortografía que no sabes cómo corregir, enciérrala y escribe *ort* encima del círculo.

ort
Ejemplo: Existen (bimas) en todas partes.

Si sabes cómo se escribe la palabra, elimínala y escribe la palabra correcta encima de ella.

biomas
Ejemplo: Existen ~~bimas~~ en todas partes.

Publicación

Animales del desierto

NOMBRE: _____   **FECHA:** _____

Instrucciones: Lee el párrafo. Verifica que haya concordancia entre sujeto y verbo. Luego, responde la pregunta.

Los animales del desierto deben adaptarse al calor extremo y la falta de agua. Muchos animales solo es activos de noche debido al calor que hace durante el día. Algunos animales no necesita beber agua. Obtienen suficiente agua de las plantas y semillas que comen. Muchos animales del desierto no tiene glándulas sudoríparas, lo cual les permite conserva la mayor parte de la humedad durante el día. Las aves tienen plumas que les permiten mantenerse frescas y cubiertas a lo largo del día. Sin adaptaciones, los animales del desierto no podrían sobrevivir.

1. ¿Qué hace que este párrafo sea un párrafo informativo/explicativo sólido?

_____

_____

_____

Esta semana, aprendí lo siguiente:

- cómo hacer que el sujeto y el verbo concuerden correctamente

- cómo corregir palabras escritas con errores de ortografía

NOMBRE: _____ **FECHA:** _____

Instrucciones: Coloca marcas de verificación en los círculos con información que incluirías en un párrafo informativo/explicativo sobre los animales de la tundra.

Tienen exposición mínima de la piel para mantenerse cálidos.

Tienen adaptaciones para sobrevivir.

Estos animales hibernan o emigran en el invierno.

Datos sobre los animales de la tundra

Siempre hay una fluctuación en la población.

El animal más grande de la tundra es el oso polar.

Hay alrededor de 48 animales diferentes en la tundra.

Borrador

Animales de la tundra

NOMBRE: _____ **FECHA:** _____

Instrucciones: Describe los tipos de animales que viven en una tundra. Incluye datos específicos sobre cómo los animales se adaptan y viven en el ambiente. Usa los datos de la página 19 como ayuda para redactar el borrador de un párrafo informativo/explicativo.

_____

_____

_____

_____

_____

_____

_____

_____

_____

_____

> **¡Recuerda!**
>
> Un párrafo informativo/explicativo sólido debería incluir lo siguiente:
>
> • una oración temática
>
> • detalles que respaldan la idea principal
>
> • una oración de conclusión

Práctica de letra de molde abc

Instrucciones: Usa tu mejor letra de molde para escribir dos palabras de tu párrafo.

_____

_____

NOMBRE: _____ **FECHA:** _____

Instrucciones: Escribe cuatro oraciones completas en las que uses un sujeto y un verbo de la tabla a continuación en cada oración. Piensa en la concordancia entre el sujeto y el verbo cuando elijas un sujeto y un verbo.

Sujetos	Verbos
oso polar	crecen
zorros árticos	hiberna
ardilla	come
arbustos	se adaptan
aves	migran

1. _____

_____

2. _____

_____

3. _____

_____

4. _____

_____

¡Hora de mejorar!

Regresa al borrador que escribiste en la página 20. Asegúrate de que todas tus oraciones tengan concordancia entre sujeto y verbo.

Corrección

Animales de la tundra

NOMBRE: _____ **FECHA:** _____

Instrucciones: Lee las oraciones. Todas tienen un error de ortografía. Usa el símbolo para tachar las palabras que están escritas con errores de ortografía. Luego, escribe las palabras correctamente encima de ellas.

1. Una gara de un oso polar es muy grande.

2. Las colas de las ardiyas son muy tupidas.

3. Los rayoz del sol resplandecen sobre los animales.

4. La mayoría de los animales dependen de su grasa y de su largo pelage para mantenerse abrigados.

¡Recuerda!

Siempre debes volver a leer tus escritos para asegurarte de que hayas escrito correctamente las palabras.

¡Hora de mejorar!

Regresa al borrador que escribiste en la página 20. Asegúrate de que hayas escrito correctamente todas las palabras.

NOMBRE: _____   **FECHA:** _____

Instrucciones: Describe los tipos de animales que viven en una tundra. Incluye datos específicos sobre cómo los animales se adaptan y viven en el ambiente.

_____

_____

_____

_____

_____

_____

_____

_____

_____

_____

Preescritura
Verano/Otoño

NOMBRE: _____ **FECHA:** _____

Instrucciones: Determina si cada actividad se relaciona con el verano o con el otoño. Escribe *V* para *verano* y *O* para *otoño* junto a las frases correspondientes.

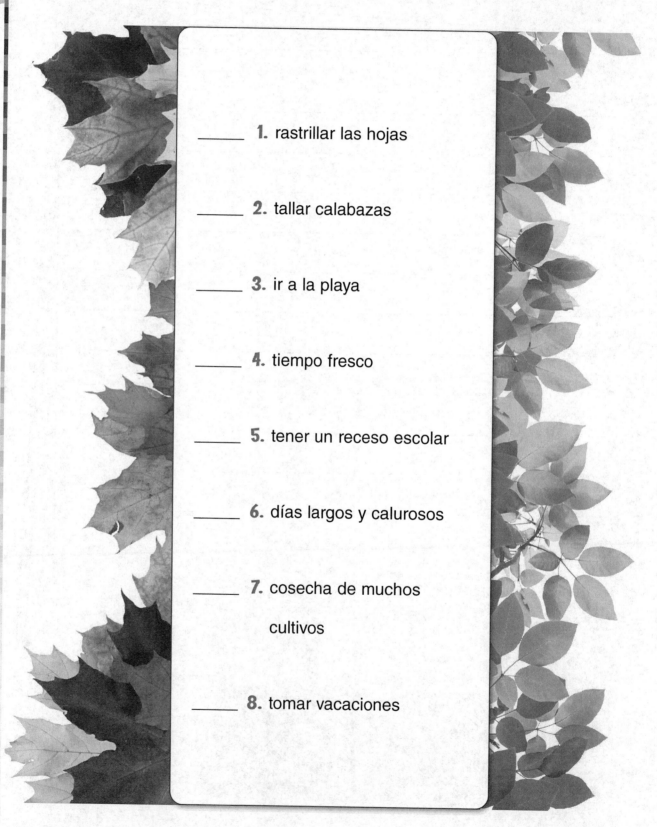

_____ **1.** rastrillar las hojas

_____ **2.** tallar calabazas

_____ **3.** ir a la playa

_____ **4.** tiempo fresco

_____ **5.** tener un receso escolar

_____ **6.** días largos y calurosos

_____ **7.** cosecha de muchos cultivos

_____ **8.** tomar vacaciones

NOMBRE: _____ **FECHA:** _____

Instrucciones: Lee el párrafo de opinión. Encierra la oración que enuncia la opinión del autor. Luego, subraya las partes que respaldan la opinión.

El verano es la mejor época del año. No hay clases y hay muchas cosas divertidas para hacer. Ir a la playa, tomar clases de natación y salir de vacaciones son algunas de mis actividades preferidas. Es una pena que no sea verano todo el año. Chuck, el perro, también disfruta del verano porque tenemos más tiempo para jugar con él. Le encanta ir al parque para perros, jugar a atrapar la pelota y nadar en la piscina. Desafortunadamente, el verano no dura para siempre.

¡Recuerda!

Una opinión expresa un sentimiento o un pensamiento.

Ejemplo: Poder jugar en la nieve hace que el invierno sea la mejor estación.

Práctica de letra de molde abc

Instrucciones: Usa tu mejor letra de molde para escribir un adjetivo relacionado con las actividades de verano y un adjetivo relacionado con las actividades de invierno.

_____   _____

Revisión Verano/Otoño

NOMBRE: _____ **FECHA:** _____

Instrucciones: Revisa las palabras subrayadas de cada oración y escribe verbos en pasado que puedan reemplazar las palabras subrayadas.

1. Sara aprenderá a rastrillar las hojas.

_____

2. Él tallará la calabaza el sábado.

_____

3. Los niños irán a la playa con sus padres.

_____

4. Ben jugará con su pelota de playa en la piscina.

_____

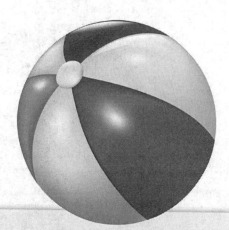

¡Refuerza tu aprendizaje!

En tus escritos, asegúrate de que todos los verbos correspondan al mismo tiempo verbal. Por ejemplo, si estás escribiendo sobre algo que ocurrió en el pasado, todos los verbos deberían estar en pasado.

NOMBRE: _____ **FECHA:** _____

Instrucciones: Usa el símbolo ∧ para colocar las comas de enumeración que faltan en el párrafo. **Pista:** Faltan dos comas.

El verano es la mejor época del año. No hay clases y hay muchas cosas divertidas para hacer. Ir a la playa tomar clases de natación y salir de vacaciones son algunas de mis actividades preferidas. Es una pena que no sea verano todo el año. Chuck, el perro, también disfruta del verano porque tenemos más tiempo para jugar con él. Le encanta ir al parque para perros jugar a atrapar la pelota y nadar en la piscina. Desafortunadamente, el verano no dura para siempre.

¡Refuerza tu aprendizaje!

Las **comas de enumeración** se usan para separar tres o más elementos en una lista.

Ejemplo: A las niñas les gusta jugar con las hojas ∧ elevar papalotes y tallar calabazas.

Publicación Verano/Otoño

NOMBRE: _____   **FECHA:** _____

Instrucciones: Lee el párrafo de opinión. Luego, responde las preguntas.

El otoño es la estación perfecta para disfrutar al aire libre. Mi actividad preferida es caminar por los senderos cercanos con mi perro. Paso mucho tiempo en diferentes parques cuando es otoño. También me gusta jugar fútbol después de la escuela con mis amigos. Creo que es el pasatiempo perfecto cuando el clima comienza a refrescar.

1. ¿Cómo sabes cuál es la opinión del autor?

   _____

   _____

   _____

2. Explica cómo el autor respalda su opinión.

   _____

   _____

   _____

Esta semana, aprendí lo siguiente:

- cómo usar tiempos verbales correctamente

- cómo usar comas de enumeración

© Shell Education

NOMBRE: _____ **FECHA:** _____

Instrucciones: Dibuja una escena de invierno y una escena de primavera. Luego, escribe tres opiniones sobre cada estación en las líneas proporcionadas.

Invierno	Primavera

1. _____

_____

_____

2. _____

_____

_____

3. _____

_____

_____

1. _____

_____

_____

2. _____

_____

_____

3. _____

_____

_____

Borrador
Invierno/Primavera

NOMBRE: _____ **FECHA:** _____

Instrucciones: ¡Es un concurso! Tanto el invierno como la primavera creen que son la mejor estación. ¿Qué estación respaldarás? Proporciona motivos que respalden tu opinión. Usa tus notas de la página 29 como ayuda para redactar el borrador de tu párrafo de opinión.

_____

_____

_____

_____

_____

_____

_____

_____

_____

_____

_____

_____

> **¡Recuerda!**
>
> Un párrafo de opinión sólido incluye lo siguiente:
>
> - una oración introductoria y una oración de conclusión que expresen una opinión
>
> - motivos que respaldan la opinión

Práctica de letra de molde abc

Intrucciones: Usa tu mejor letra de molde para escribir dos adjetivos que describan la primavera y dos adjetivos que describan el invierno.

_____   _____

_____   _____

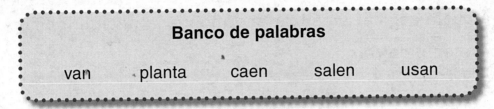

NOMBRE: _____ **FECHA:** _____

Instrucciones: Usa los verbos en presente del banco de palabras para completar las oraciones.

Banco de palabras

| van | planta | caen | salen | usan |

1. Billy _____ flores nuevas en el jardín.

2. Las hojas se _____ de los árboles debido a los fuertes vientos del invierno.

3. Todos los niños _____ abrigos gruesos cuando construyen hombres de nieve.

4. Los polluelos _____ de los huevos en el nido.

5. Los automóviles necesitan cadenas cuando _____ por los caminos de montaña.

¡Hora de mejorar!

Regresa al borrador que escribiste en la página 30. Asegúrate de que hayas usado los tiempos verbales correctos en tu escrito.

NOMBRE: _____ **FECHA:** _____

Instrucciones: Usa el símbolo ∧ para poner las comas de enumeración que faltan.

1. Me gusta esquiar practicar snowboard y construir hombres de nieve en el invierno.

2. ¡Hay nieve rocas y hielo por todas partes!

3. Las flores los árboles y los arbustos comienzan a brotar en primavera.

4. Puedes ver mariposas pájaros y abejas volando por el jardín.

¡Recuerda!

Agrega comas de enumeración cuando se enumeran tres o más cosas en una oración.

Ejemplo: Es divertido organizar días de

campo∧ir a nadar y correr por el parque en

primavera.

¡Hora de mejorar! ⊘

Regresa al borrador que escribiste en la página 30. Verifica si enumeras más de tres elementos en tus oraciones. Si lo haces, asegúrate de usar comas de enumeración.

NOMBRE: _____ **FECHA:** _____

Instrucciones: ¡Un concurso! El invierno y la primavera creen que son la mejor estación. ¿Cuál te gusta más? Proporciona motivos que respalden tu opinión.

_____

_____

_____

_____

_____

_____

_____

_____

_____

NOMBRE: _____ **FECHA:** _____

Instrucciones: Observa los animales silvestres y los adjetivos que los describen. Luego, completa dos opiniones a continuación.

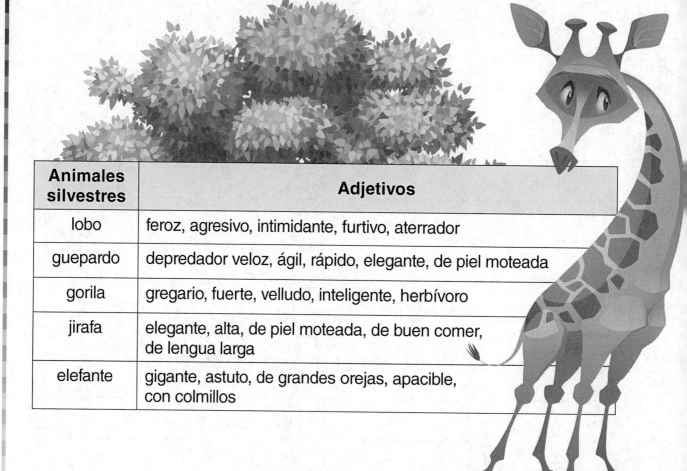

Animales silvestres	Adjetivos
lobo	feroz, agresivo, intimidante, furtivo, aterrador
guepardo	depredador veloz, ágil, rápido, elegante, de piel moteada
gorila	gregario, fuerte, velludo, inteligente, herbívoro
jirafa	elegante, alta, de piel moteada, de buen comer, de lengua larga
elefante	gigante, astuto, de grandes orejas, apacible, con colmillos

1. Mi animal silvestre preferido es el/la _____ porque

_____

_____ .

2. El animal silvestre que menos me gusta es el/la _____ porque

_____

_____ .

NOMBRE: _____ **FECHA:** _____

Instrucciones: Lee el párrafo. Subraya los enunciados que expresan opinión en el párrafo.

Los lobos son excelentes cazadores y pueden encontrarse en todo el mundo. La mayoría de los lobos pesan alrededor de 88 libras (40 kilogramos), pero los lobos más pesados superan las 176 libras (80 kilogramos). Los lobos cazan y viven en grupos llamados manadas. Su habilidad para trabajar juntos es excepcional. Los lobos que cazan en el Ártico tienen que recorrer distancias más largas que aquellos que cazan en el bosque. Los lobos solitarios cazan animales más pequeños, como ardillas o liebres, pero una manada de lobos puede cazar animales mucho más grandes, como caribúes, alces y bueyes almizcleros.

Práctica de letra de molde abc

Instrucciones: Usa tu mejor letra de molde para escribir los nombres de dos animales silvestres.

_____

_____

Revisión

Animales silvestres

NOMBRE: _____ **FECHA:** _____

Instrucciones: Subraya los adjetivos correctos para completar las oraciones.

1. Los elefantes son (más grandes **o** los más grandes) que los zorrillos.

2. Las jirafas son (más altas **o** los más altos) animales silvestres que existen.

3. Los gorilas son (más fuertes **o** los más fuertes) que los monos.

4. Los guepardos son (más veloces **o** los más veloces) animales terrestres.

5. Los lobos son (más feroces **o** los más feroces) que los perros.

¡Refuerza tu aprendizaje!

Los **adjetivos en grado comparativo** se usan para comparar dos cosas. Los **adjetivos en grado superlativo** se usan para comparar más de dos cosas.

Ejemplos

- Los leones son más grandes que las hienas. (*grado comparativo*)

- Los avestruces ponen los huevos más grandes que cualquier otro tipo de ave. (*grado superlativo*)

NOMBRE: _____ **FECHA:** _____

Instrucciones: Usa el símbolo ═ para corregir los errores de uso de mayúsculas en el párrafo.

algunos de los animales silvestres más grandes viven en el mar. delfines, ballenas y tiburones son algunos ejemplos. también hay miles de peces diferentes. los animales de mar pueden encontrarse en cualquier parte, desde el océano pacífico hasta el océano atlántico y más allá. sus características son muy diferentes de aquellas que tienen los animales terrestres.

¡Refuerza tu aprendizaje! 🚀

La primera palabra de las oraciones y los sustantivos propios siempre deben llevar mayúscula inicial.

Ejemplo: me encantan los delfines.
            ═

NOMBRE: _____ **FECHA:** _____

Instrucciones: Vuelve a leer el párrafo sobre los lobos. Luego, responde la pregunta.

Los lobos son excelentes cazadores y pueden encontrarse en todo el mundo. La mayoría de los lobos pesan alrededor de 88 libras (40 kilogramos), pero los lobos más pesados superan las 176 libras (80 kilogramos). Los lobos cazan y viven en grupos llamados manadas. Su habilidad para trabajar juntos es excepcional. Los lobos que cazan en el Ártico tienen que recorrer distancias más largas que aquellos que cazan en el bosque. Los lobos solitarios cazan animales más pequeños, como ardillas o liebres, pero una manada de lobos puede cazar animales mucho más grandes, como caribúes, alces y bueyes almizcleros.

1. ¿Qué evidencia ha proporcionado el autor para respaldar su opinión de que los lobos son excelentes cazadores?

_____

_____

_____

_____

Esta semana, aprendí lo siguiente:

- cómo escribir opiniones
- cómo usar adjetivos en grado comparativo y superlativo
- cómo usar mayúscula inicial en las palabras correctas

NOMBRE: _____ FECHA: _____

Instrucciones: Algunos animales son silvestres. Otros son mascotas. ¿Qué hace que un animal sea una mascota? Escribe las características de las mascotas en las burbujas exteriores.

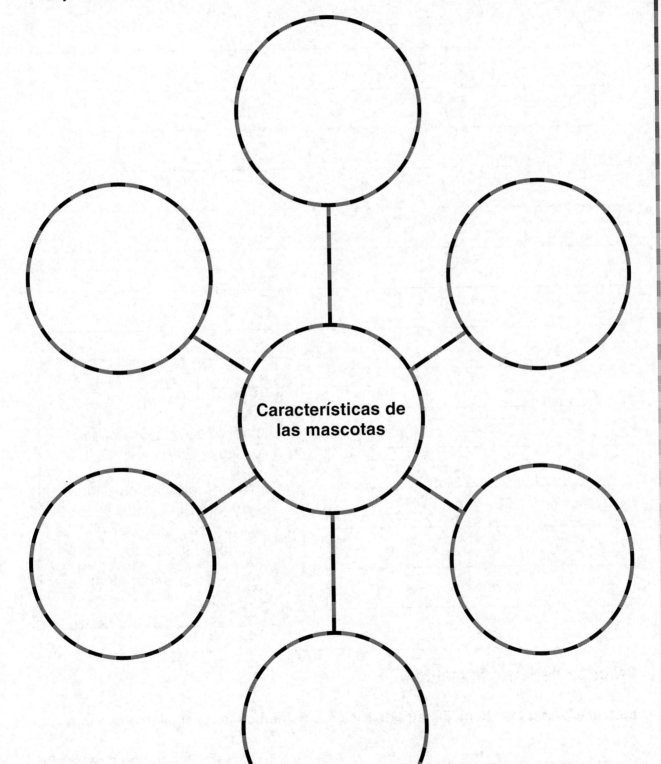

Características de las mascotas

Borrador Mascotas

NOMBRE: _____ **FECHA:** _____

Instrucciones: Redacta el borrador de un párrafo de opinión sobre qué animal es la mejor mascota. Asegúrate de incluir adjetivos descriptivos para respaldar tu opinión. Usa las notas de la página 39 como ayuda para redactar el borrador del párrafo.

_____

_____

_____

_____

_____

_____

_____

_____

_____

_____

_____

_____

¡Recuerda!

Un párrafo de opinión sólido incluye lo siguiente:

- una oración introductoria y una oración de conclusión que dan a conocer tu opinión

- motivos que respaldan la opinión

Práctica de letra de molde abc

Instrucciones: Usa tu mejor letra de molde para completar la siguiente oración.

_____ son las mejores mascotas.

NOMBRE: _____ **FECHA:** _____

Instrucciones: Lee la oración original. Piensa en cómo puedes hacerla más interesante. Haz una lista de adjetivos sobre los conejos. Luego, usa algunos de los adjetivos para escribir una oración nueva y mejorada.

Oración original

Los conejos tienen orejas.

Adjetivos sobre los conejos.

✓ _____

✓ _____

✓ _____

✓ _____

✓ _____

Mi oración nueva y mejorada

_____

_____

¡Refuerza tu aprendizaje!

¿Quieres pulir tu escrito? Entonces, usa adjetivos. Los **adjetivos** son palabras que describen a los sustantivos. Pueden hacer que un escrito aburrido se destaque.

¡Hora de mejorar!

Regresa al borrador que escribiste en la página 40. ¿Puede mejorarse alguna de estas oraciones? Si crees que sí, agrega adjetivos para mejorarlas.

Corrección

Mascotas

NOMBRE: _____ **FECHA:** _____

Instrucciones: Lee el párrafo. Usa el símbolo ═ para corregir los errores de uso de mayúsculas.

los hámsteres son las mascotas más extraordinarias. Son pequeños y hermosos. Viven en jaulas y necesitan muy poca comida y agua. los hámsteres pueden caber en la palma de la mano. Les gusta jugar con juguetes en sus jaulas y puede ser divertido mirarlos. además, mantenerlos es razonablemente barato. simplemente no debes olvidar que tienes que cerrar la jaula o es posible que haya una sorpresa corriendo deprisa por toda la casa al día siguiente.

¡Recuerda!

La primera palabra de las oraciones siempre debe llevar mayúscula inicial.

¡Hora de mejorar!

Regresa al borrador que escribiste en la página 40. Asegúrate de haber usado correctamente la mayúscula inicial. Si no lo has hecho, corrígela.

NOMBRE: _____ **FECHA:** _____

Instrucciones: Escribe un párrafo de opinión sobre el animal que crees que es la mejor mascota. Asegúrate de incluir adjetivos descriptivos para respaldar tu opinión.

_____

_____

_____

_____

_____

_____

_____

_____

_____

_____

_____

NOMBRE: _____ **FECHA:** _____

Preescritura

Continentes

Instrucciones: Lee las oraciones sobre cuatro de nuestros siete continentes. Escribe una *O* si la oración es una opinión y una *D* si es un dato.

Antártida

_____ Es el lugar más frío de la Tierra.

_____ Disfruto mucho de jugar en la nieve.

_____ Muchos científicos trabajan en la Antártida.

_____ Allí, puedes encontrar pingüinos, ballenas y focas.

América del Norte

_____ Tiene la parte más baja del continente, el Valle de la Muerte, que se encuentra debajo del nivel del mar.

_____ Es el tercer continente más grande.

_____ Los 50 estados son todos muy interesantes.

_____ Tiene todos los tipos de clima.

África

_____ La variedad de animales silvestres que puedes ver en un safari es sorprendente.

_____ Es el segundo continente más grande.

_____ Tiene el río más largo del mundo, el río Nilo.

_____ El desierto más grande, el desierto del Sahara, se encuentra en África.

Asia

_____ Es el continente más grande de la Tierra.

_____ Me gustan mucho las tradiciones que celebran los países de Asia.

_____ Tiene la tasa de población más elevada.

_____ Asia está compuesta de 48 países, incluidos la India y Tailandia.

126828—180 Days of Writing—Spanish

NOMBRE: _____ FECHA: _____

Instrucciones: Lee el párrafo. Subraya los adjetivos. Luego, responde la pregunta.

África es el segundo continente más grande y alberga el río más largo, el río Nilo. Alberga el desierto del Sahara, el desierto más grande del mundo. África tiene un clima caluroso durante todo el año y es muy rica en minerales.

1. ¿Qué le aportan los adjetivos al párrafo?

_____

_____

_____

Práctica de letra de molde abc

Instrucciones: Usa tu mejor letra de molde para escribir los nombres de dos continentes.

_____

_____

Revisión
Continentes

NOMBRE: _____ FECHA: _____

Instrucciones: Las oraciones están incompletas. Revísalas para que tengan sujetos y predicados completos.

1. El fútbol deporte dominante en América del Sur.

_____

_____

2. Las ranas arbóreas, los erizos y los jabalíes silvestres animales principales de Europa.

_____

_____

3. El Sr. Científico dijo que la Antártida lugar más frío de la Tierra.

_____

_____

¡Refuerza tu aprendizaje!

Para que una oración esté completa, necesita un sujeto y un predicado. El **sujeto** es a quién o a qué hace referencia la oración. El **predicado** es lo que ocurre.

Ejemplo: La Antártida es muy grande.
            (sujeto)   (predicado)

NOMBRE: _____ **FECHA:** _____

Instrucciones: Lee el párrafo. Usa el símbolo ℓ para corregir los errores de ortografía. **Pista:** Hay siete errores de ortografía.

Se cree que en el pazado, todos los continentes estaban unidos. Esta área finalmente se separó y aora tenemos siete continentes. Algunos están rrodeados completamente de agua, i otros están conectados entre sí. Algunos continentes tienen muchos paízes, mientras que otros tienen pocos. Las investigaciones han demostrado que los continentes aún están en movimento, lo kual se denomina deriba continental.

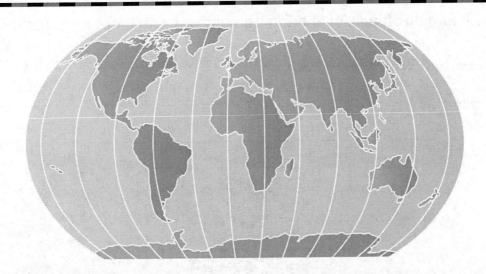

¡Recuerda!

Cuando encuentras una palabra escrita con errores de ortografía que no sabes cómo corregir, enciérrala y escribe *ort* encima del círculo.

ort
Ejemplo: Hay (sete) continentes.

Si sabes cómo se escribe la palabra, elimínala y escribe la palabra correcta encima de ella.

siete
Ejemplo: Hay ~~sete~~ continentes.

Publicación Continentes

NOMBRE: _____ **FECHA:** _____

Instrucciones: Vuelve a leer el párrafo. Luego, responde las preguntas.

> África es el segundo continente más grande y alberga el río más largo, el río Nilo. Alberga el desierto del Sahara, el desierto más grande del mundo. África tiene un clima caluroso durante todo el año y es muy rica en minerales.

1. ¿Qué hace que este párrafo sea un párrafo informativo/explicativo?

_____

_____

_____

2. ¿Qué información adicional haría que esté párrafo fuera más informativo?

_____

_____

_____

Esta semana, aprendí lo siguiente:

- cómo identificar adjetivos
- cómo usar pronombres personales
- cómo identificar errores de ortografía

NOMBRE: _____ **FECHA:** _____

Instrucciones: Observa la lista de cuerpos de agua que se encuentra a la izquierda. Dibuja bosquejos de ellos. Luego, agrega algunas cosas que sepas sobre cada uno.

Cuerpos de agua	Bosquejos	Información sobre cuerpos de agua
río		
estanque		
océano		
lago		

Borrador
Cuerpos de agua

NOMBRE: _____ **FECHA:** _____

Instrucciones: Redacta el borrador de un párrafo informativo/explicativo sobre los cuerpos de agua. Incluye al menos dos tipos de cuerpos de agua y explica cómo son. Usa tus notas de la página 49 como ayuda para redactar el borrador del párrafo.

_____

_____

_____

_____

_____

_____

_____

_____

¡Recuerda!

Un párrafo informativo/explicativo sólido debería incluir lo siguiente:

- una oración temática

- detalles que respaldan la idea principal

- una oración de conclusión

Práctica de letra de molde abc

Instrucciones: Usa tu mejor letra de molde para escribir los nombres de tres tipos de cuerpos de agua.

_____

_____

_____

NOMBRE: _____ **FECHA:** _____

Instrucciones: Lee el párrafo. Subraya las oraciones que no están completas. En las líneas a continuación, vuelve a escribir las oraciones completas.

El océano Atlántico es el segundo océano más grande de la Tierra. Se encuentra entre América, Europa y África. El océano Atlántico casi la mitad del tamaño del océano Pacífico. Cubre cerca del 20 por ciento de la superficie del planeta. El ecuador lo divide en océano Pacífico Norte y océano Pacífico Sur. En el Atlántico muchas islas, incluidas las Bahamas y Groenlandia. Los seres vivos comunes del mar incluyen el tiburón, la foca gris y la ballena jorobada.

1. _____

   _____

2. _____

   _____

¡Recuerda!

Para que una oración esté completa, necesita un sujeto y un predicado. El sujeto es a quién o a qué hace referencia la oración. El predicado es lo que ocurre.

¡Hora de mejorar!

Regresa al borrador que escribiste en la página 50. Vuelve a leer tu escrito para asegurarte de que todas las oraciones estén completas. Si no lo están, revísalas y complétalas.

NOMBRE: _____ **FECHA:** _____

Instrucciones: Usa el símbolo para corregir las palabras escritas con errores de ortografía.

1. El cuerpo de agua más pequeño es un riachuelo, que tamién se conoce como un arroyo.

2. El Golfo de México solo está rodiado de tierra parcialmente.

3. Un lago es un cuerrpo de agua completamente rodeado de tierra.

4. El mar Mediteráneo está conectado con el océano Atlántico.

5. Los océanos son los cuerpos de agua más gradnes del planeta.

¡Hora de mejorar!

Regresa al borrador que escribiste en la página 50. Asegúrate de que hayas escrito correctamente todas las palabras.

NOMBRE: _____ **FECHA:** _____

Instrucciones: Escribe un párrafo informativo/explicativo sobre los cuerpos de agua. Incluye al menos dos tipos de cuerpos de agua y explica cómo son.

NOMBRE: _____ **FECHA:** _____

Preescritura
Cumpleaños

Instrucciones: Haz un dibujo de tu celebración de cumpleaños preferida o de la celebración de tus sueños. Luego, escribe dos oraciones que la describan.

_____

_____

_____

_____

NOMBRE: _____ **FECHA:** _____

Instrucciones: Encierra los prefijos o sufijos de las palabras subrayadas. Luego, responde la pregunta.

Era el noveno cumpleaños de Sara. Esperaba ansiosamente la llegada de todos sus amigos. Su madre estaba ocupada decorando cuidadosamente la casa, ya que no quería tener que rehacer nada más tarde. Su papá llevó al perro a la cochera porque generalmente se comporta supermal cuando hay muchas personas. Había llegado el momento; era la una y los invitados habían comenzado a llegar. Sara estaba preparada para un sobreexceso de experiencias con sus amigos.

1. ¿Qué aportan las palabras subrayadas al párrafo?

_____

_____

_____

Práctica de letra de molde abc

Instrucciones: Escribe el nombre del mes en el que naciste con una buena letra de molde.

_____

¡Refuerza tu aprendizaje! 🚀

Un **sufijo** es una letra o un grupo de letras que se agregan al final de una palabra. Un **prefijo** es un morfema que se agrega al comienzo de un lexema. Ambos cambian levemente el significado de las palabras.

Ejemplos

- Sufijos: amigable ⟶ amigable**mente** confiar ⟶ confia**ble**

- Prefijos: orientar ⟶ **des**orientar decir ⟶ **pre**decir

NOMBRE: _____ **FECHA:** _____

Instrucciones: Usa los adverbios del banco de palabras para reemplazar las frases subrayadas.

Banco de palabras

extremadamente   pacíficamente   cuidadosamente   urgentemente   alegremente

1. Mamá y papá disintieron <u>amablemente</u> sobre la temática del cumpleaños.

   _____

2. Necesitaba volver a llenar mi taza <u>rápidamente</u>.

   _____

3. Mi maestra me deseó <u>esmeradamente</u> un feliz cumpleaños.

   _____

4. Tuvimos que ser <u>realmente</u> cuidadosos al golpear la piñata con el bate.

   _____

5. Mis padres se fueron de la fiesta conduciendo el automóvil <u>prudentemente</u>.

   _____

¡Refuerza tu aprendizaje! 🚀

Los **adverbios** modifican los verbos. Ayudan a agregar detalles al texto. Suelen situarse después del verbo que modifican.

Ejemplo:

• Billy rio locamente por el chiste del payaso.

NOMBRE: _____ **FECHA:** _____

Instrucciones: Usa el símbolo ∨ para agregar rayas de diálogo a las oraciones.

1. ¡Escuchen! Es hora de cortar la torta dijo la mamá de Jacob.

2. ¡Estos juegos inflables son muy divertidos! exclamó Sam.

3. La madre de Jacob dijo:
   ¡No olviden llevar sus bolsitas de dulces!

4. Este pastel de chocolate es delicioso dije.

¡Refuerza tu aprendizaje! 🚀

A continuación, te presentamos algunos consejos sobre cómo usar la **raya de diálogo:**

- La raya de diálogo se pone antes de lo que dice un personaje y también antes de la intervención del narrador.

- Lo que dice un personaje comienza con mayúscula. Si el narrador usa un verbo de habla (decir, añadir, preguntar, exclamar, asegurar, etc.) la intervención del mismo comienza en minúscula.

- No debe dejarse espacio entre la raya de diálogo y el comienzo de las intervenciones.

Ejemplo: —El Parque Nacional de Yosemite se encuentra en California —explicó la maestra.

- Si lo que dice un personaje está después del comentario del narrador, escribe dos puntos para introducir lo que se dice y mueve la cita al siguiente renglón.

Ejemplo: El niño dijo:
    —Me gustaría conocer el parque Yosemite algún día.

NOMBRE: _____ **FECHA:** _____

Instrucciones: Lee la narración. Las oraciones están desordenadas. Enuméralas para que queden en el orden correcto. Luego, vuelve a escribir el párrafo siguiendo el orden correcto.

_____Sara estaba muy entusiasmada por su fiesta de cumpleaños. _____Por último, todos saborearon el delicioso pastel de chocolate. _____Luego, llegaron muchos amigos y algunos miembros de la familia. _____Primero, jugaron algunos juegos; el de las sillas fue el preferido. _____Sara disfrutó al abrir sus regalos a continuación. _____Los abuelos fueron los primeros en llegar.

Esta semana, aprendí lo siguiente:

- cómo identificar prefijos y sufijos
- cómo usar adverbios

NOMBRE: _____   **FECHA:** _____

Instrucciones: Piensa en cuando celebraste un día festivo. Escribe el nombre del día festivo en el círculo central. Luego, escribe en los círculos externos notas sobre el acontecimiento en las que incluyas con quién celebraste y qué ocurrió.

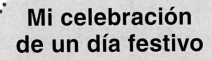

Mi celebración de un día festivo

_____

Borrador
Días festivos

NOMBRE: _____ **FECHA:** _____

Instrucciones: Piensa en un día festivo que hayas celebrado. Describe la celebración. Incluye al menos dos líneas de diálogo.

_____

_____

_____

_____

_____

_____

_____

_____

_____

_____

_____

¡Recuerda!

Un párrafo narrativo sólido tiene las siguientes características:

- incluye una oración introductoria y una oración de conclusión

- usa detalles sensoriales para describir la experiencia

- parece una historia

Práctica de letra de molde abc

Instrucciones: Usa tu mejor letra de molde para escribir el nombre del día festivo que elegiste.

_____

NOMBRE: _____ **FECHA:** _____

Instrucciones: Usa la siguiente tabla para escribir cuatro oraciones sobre los días festivos. Usa cada día festivo y adverbio una sola vez.

Festivo	Adverbio
Halloween	silenciosamente
Janucá	pacíficamente
Año Nuevo chino	alegremente
Día de San Valentín	jovialmente

1. _____

   _____

2. _____

   _____

3. _____

   _____

4. _____

   _____

¡Hora de mejorar!

Regresa al borrador que escribiste en la página 60. ¿Usaste algún adverbio en tu escrito? Si lo hiciste, asegúrate de haberlos usado correctamente. Si no lo hiciste, ¡trata de agregar algunos!

NOMBRE: _____ **FECHA:** _____

Instrucciones: Usa el símbolo ∨ para agregar rayas de diálogo al párrafo narrativo.

Lo que más me gusta de los días festivos es celebrarlos con mi familia. Cuando llega la hora de comer, mi mamá nos reúne:

Olivia, el banquete está por comenzar.

Y yo respondo:

¡Bravo, enseguida voy!

Me encanta hornear recetas especiales con mi abuela y cantar canciones tradicionales con mi familia, que viene de visita desde todas partes del país. Disfrutamos postres caseros todas las noches mientras nos sentamos a conversar y compartimos recuerdos del año anterior. Mi abuela dice reiteradamente:

Es tan lindo verlos. ¡Los he extrañado!

Los miembros de mi familia exclaman:

También te hemos extrañado, abuela. Ahora, ¡disfrutemos de este encuentro al máximo!

No es la única que se siente de esa manera. Yo misma me encuentro pensando lo mismo mientras me sumerjo en el momento compartido con mis seres queridos.

¡Refuerza tu aprendizaje!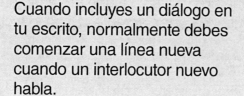

Cuando incluyes un diálogo en tu escrito, normalmente debes comenzar una línea nueva cuando un interlocutor nuevo habla.

¡Hora de mejorar!

Regresa al borrador que escribiste en la página 60. Verifica si usaste correctamente las rayas de diálogo. Si no tienes diálogos en tu escrito, intenta agregar algunas líneas nuevas.

NOMBRE: _____ **FECHA:** _____

Instrucciones: Piensa en un día festivo que hayas celebrado. Describe la celebración. Incluye al menos dos líneas de diálogo.

_____

_____

_____

_____

_____

_____

_____

_____

_____

_____

_____

_____

_____

_____

_____

_____

NOMBRE: _____   FECHA: _____

Instrucciones: ¿Qué sabes sobre los tornados? Coloca marcas de verificación en las burbujas que tienen los adjetivos o las frases que mejor describen los tornados.

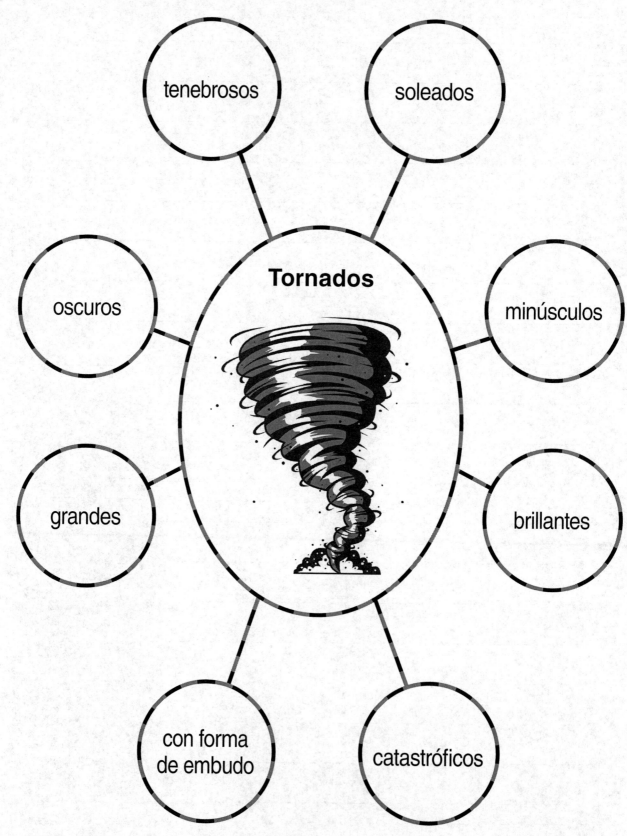

tenebrosos

soleados

oscuros

Tornados

minúsculos

grandes

brillantes

con forma de embudo

catastróficos

126828—180 Days of Writing—Spanish

© *Shell Education*

NOMBRE: _____ FECHA: _____

Instrucciones: Usa las pistas contextuales y las palabras del banco de palabras para completar las oraciones.

Banco de palabras

rápidamente   millas   torbellinos   giran   tornados

Los tornados a veces se denominan _____.

Son tubos de aire que giran _____. La

mayoría de los tornados se desplazan por unas cuantas

_____. En el hemisferio norte, los tornados

generalmente _____ en sentido contrario

a las agujas del reloj. Estados Unidos experimenta más

_____ que cualquier otro país.

Práctica de letra de molde abc

Instrucciones: ¿Cómo crees que te sentirías si te encuentras cerca de un tornado? Escribe esa palabra con tu mejor letra de molde.

_____

Revisión Tornados

NOMBRE: _____ **FECHA:** _____

Instrucciones: Subraya el sujeto y encierra el verbo de cada oración. Verifica que haya concordancia entre sujeto y verbo. En las líneas a continuación, escribe las oraciones corregidas. Si no hay errores, escribe *Correcta tal como está.*

Se incluye el primer ejemplo.

1. Los <u>tornados</u> (causan) muchos daños.

   Correcta tal como está.
   _____

2. El aire giran hacia arriba.

   _____

   _____

3. Los tornados se desplazan por la tierra.

   _____

   _____

4. Los tornados toca la tierra.

   _____

   _____

NOMBRE: _____ FECHA: _____

Instrucciones: Usa el símbolo ═ para corregir los errores de uso de mayúsculas en el párrafo. **Pista:** Hay seis errores.

   a veces, una nube embudo puede confundirse con un tornado. Las nubes embudo son nubes con forma de cono que no alcanzan el suelo. los tornados se forman cuando una nube embudo alcanza el suelo. kansas, oklahoma y texas son áreas de tornados frecuentes. Generalmente ocurren en los meses de primavera y verano, y a veces traen granizo. los tornados son desastres naturales destructivos, pero fascinantes.

Práctica rápida ⏱

Instrucciones: Encierra los adjetivos de las oraciones.

1. El inmenso tornado de color gris atravesó la granja deshabitada.

2. Hay cerca de cincuenta tornados por año en la parte central de Estados Unidos.

NOMBRE: _____ **FECHA:** _____

Instrucciones: Vuelve a leer el párrafo sobre los tornados. Piensa cómo puedes mejorar el párrafo con base en lo que has aprendido esta semana. Luego, vuelve a escribir un párrafo nuevo y mejorado a continuación.

Los tornados a veces se denominan torbellinos. Son tubos de aire que giran rápidamente. La mayoría se desplaza unas cuantas millas. En el hemisferio norte, los tornados generalmente giran en sentido contrario a las agujas del reloj. Estados Unidos experimenta más tornados que cualquier otro país.

_____

_____

_____

_____

_____

_____

_____

_____

¡Refuerza tu aprendizaje!

Un párrafo sólido tiene una oración introductoria, detalles sólidos y una oración de conclusión.

Esta semana, aprendí lo siguiente:

- cómo usar adjetivos
- cómo usar pistas contextuales
- cómo hacer que el sujeto y el verbo concuerden correctamente
- cómo corregir errores de uso de mayúsculas

NOMBRE: _____ **FECHA:** _____

Instrucciones: Lee los enunciados sobre los terremotos. Escribe *D* si el enunciado es un dato. Escribe *O* si el enunciado es una opinión.

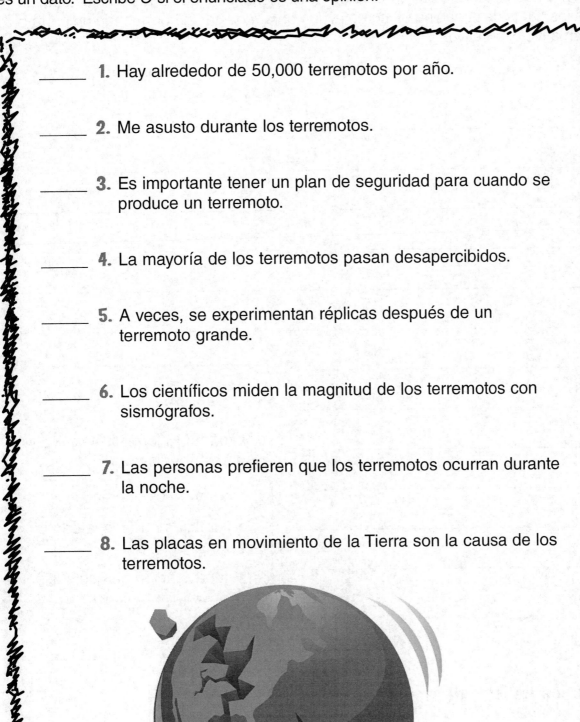

_____ 1. Hay alrededor de 50,000 terremotos por año.

_____ 2. Me asusto durante los terremotos.

_____ 3. Es importante tener un plan de seguridad para cuando se produce un terremoto.

_____ 4. La mayoría de los terremotos pasan desapercibidos.

_____ 5. A veces, se experimentan réplicas después de un terremoto grande.

_____ 6. Los científicos miden la magnitud de los terremotos con sismógrafos.

_____ 7. Las personas prefieren que los terremotos ocurran durante la noche.

_____ 8. Las placas en movimiento de la Tierra son la causa de los terremotos.

NOMBRE: _____ **FECHA:** _____

Instrucciones: Piensa en los terremotos. Redacta el borrador de un párrafo sobre los terremotos. Incluye datos sobre cómo comienzan y qué daños pueden causar. Usa los datos de la página 69 como ayuda para redactar el borrador de un párrafo informativo/explicativo.

_____

_____

_____

_____

_____

_____

_____

_____

_____

> **¡Recuerda!**
>
> Un párrafo informativo/explicativo sólido debería incluir lo siguiente:
>
> - una oración temática
> - detalles que respaldan la idea principal
> - una oración de conclusión

Práctica de letra de molde abc

Instrucciones: Usa tu mejor letra de molde para escribir las palabras *terremoto* y *falla*.

_____

_____

NOMBRE: _____ **FECHA:** _____

Instrucciones: Algunas de las oraciones del párrafo están incompletas. Usa los sujetos del banco de palabras para completar el párrafo.

Banco de palabras

Algunos terremotos   Estas placas   La corteza terrestre

_____ está compuesta por extensas áreas de

roca llana denominadas placas tectónicas. El lugar en el que estas

placas se encuentran se denomina *falla*. _____ se

mueven lentamente, lo cual provoca un temblor a través de la corteza

hacia la superficie de la Tierra. _____ son menores

y causan pocos daños, mientras que otros son intensos y provocan gran

destrucción. El punto central de un terremoto se llama *epicentro*.

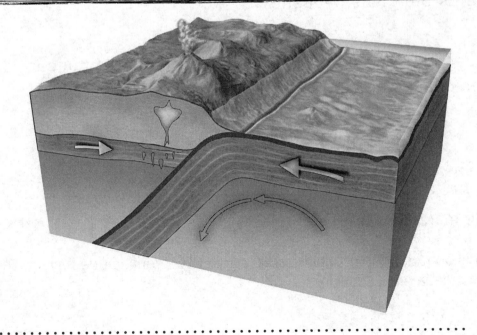

¡Hora de mejorar!

Regresa al borrador que escribiste en la página 70. Verifica que todas las oraciones estén completas.

NOMBRE: _____ **FECHA:** _____

Instrucciones: Usa el símbolo ═ y ╱ para corregir los errores de uso de mayúsculas en las oraciones.

1. Las placas tectónicas se Movieron de un lado a otro, provocando un pequeño terremoto.

2. Los terremotos son, a veces, bastante Aterradores y las personas sienten pánico.

3. los deslizamientos de tierra son frecuentes después de un gran terremoto debido al movimiento del suelo.

4. La Tremenda fuerza de un terremoto puede causar grandes daños.

5. las olas de los tsunamis pueden ser grandes y arruinar ciudades enteras o un país pequeño.

6. La cantidad de daños que un Terremoto puede causar está relacionada con su profundidad.

· ·

¡Hora de mejorar!

Regresa al borrador que escribiste en la página 70. Verifica que hayas usado correctamente la mayúscula inicial.

NOMBRE: _____ **FECHA:** _____

Instrucciones: Piensa en los terremotos. Escribe un párrafo informativo/explicativo sobre los terremotos. Incluye datos sobre cómo comienzan y qué daños pueden causar.

_____

_____

_____

_____

_____

_____

_____

_____

_____

_____

Preescritura

Transporte aéreo

NOMBRE: _____ **FECHA:** _____

Instrucciones: Lee los párrafos sobre aviones y helicópteros. Luego, completa el diagrama de Venn con las similitudes y diferencias entre los aviones y los helicópteros.

Los **aviones** se usan para transportar personas y cosas. A algunas personas les gusta pilotearlos solo por diversión. Las alas de un avión permiten que el avión se eleve en el momento del despegue. Un piloto se sienta en la parte frontal del avión, llamada cabina.

Los **helicópteros** se elevan desde el suelo de manera vertical. Usan aspas giratorias que les permiten despegar. Pueden usarse para transportar y rescatar personas, así como también para combatir incendios. A pesar de que son ruidosos, pueden llegar a lugares de difícil acceso.

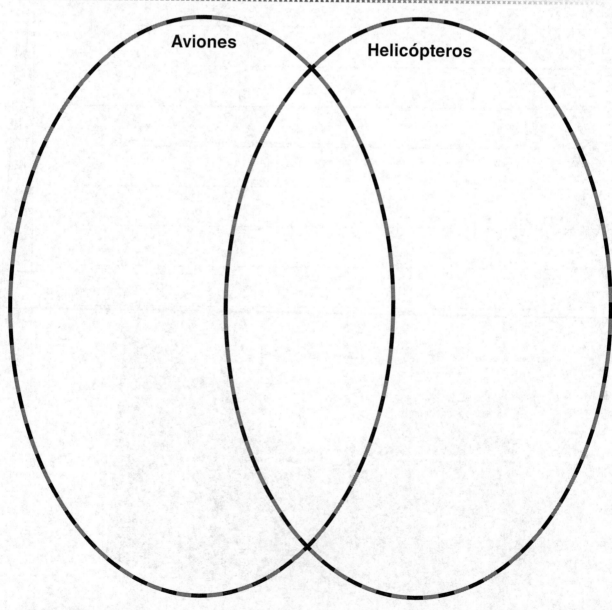

Aviones

Helicópteros

NOMBRE: _____ **FECHA:** _____

Instrucciones: Completa el párrafo narrativo con una oración de conclusión.

Vince estaba ansioso por subir a bordo del avión. Era su primer viaje en avión. Se preguntaba cómo pasaría el tiempo, ya que era un vuelo de tres horas con destino a la ciudad de su abuela. Tenía libros con pasatiempos, un reproductor de música y un libro. Vince esperaba experimentar un vuelo tranquilo, sin turbulencias. El avión despegó, y en poco tiempo ya se encontraban sobre las nubes. Lo mejor para Vince fueron la bebida gratis y el refrigerio de pretzels que repartieron los asistentes de vuelo. Alternó entre resolver pasatiempos, escuchar música y leer su libro. Antes de que se diera cuenta, el piloto se preparaba para aterrizar el avión.

_____

_____.

Práctica de letra de molde abc

Instrucciones: Usa tu mejor letra de molde para escribir las palabras *helicóptero* y *avión*.

_____

_____

Revisión

Transporte aéreo

NOMBRE: _____ **FECHA:** _____

Instrucciones: Vuelve a escribir las oraciones simples de manera que se conviertan en oraciones compuestas sobre los helicópteros.

Ejemplo

Oraciones simples: Sara está entusiasmada por su viaje en helicóptero. Sara nunca se ha subido a un helicóptero.

Oraciones compuestas: Sara está entusiasmada por su viaje en helicóptero porque nunca antes se ha subido a uno.

---

1. Landon cree que los helicópteros son fascinantes. Estos pueden quedar suspendidos en el aire sin moverse.

_____

_____

_____

2. Son un medio de transporte muy útil. El oficial Frank usa helicópteros para proteger a las personas.

_____

_____

_____

NOMBRE: _____ FECHA: _____

Instrucciones: Usa el símbolo ∧ para agregar adverbios a las oraciones.

1. El instructor de vuelo me dijo que ajustara el cinturón de seguridad, que escuchara y que observara.

2. Papá vio cimas de colinas, lagos y cientos de árboles desde el helicóptero.

3. "La mejor parte fue estar suspendidos en el aire como un colibrí", dijo el abuelo.

4. Puedes girar, cambiar de dirección y descender en picada.

¡Refuerza tu aprendizaje!

Los adverbios modifican los verbos y, muchas veces, terminan con el sufijo *mente*.

Ejemplo: El tren se movía rápida**mente**.

NOMBRE: _____ FECHA: _____

Instrucciones: Vuelve a leer el párrafo. Agrega notas en los márgenes donde puedan agregarse diálogos para que el párrafo sea más interesante.

Vince estaba ansioso por subir a bordo del avión. Era su primer viaje en avión. Se preguntaba cómo pasaría el tiempo, ya que era un vuelo de tres horas con destino a la ciudad de su abuela. Tenía libros con pasatiempos, un reproductor de música y un libro. Vince esperaba experimentar un vuelo tranquilo, sin turbulencias. El avión despegó, y en poco tiempo ya se encontraban sobre las nubes. Lo mejor para Vince fueron la bebida gratis y el refrigerio de pretzels que repartieron los asistentes de vuelo. Alternó entre resolver pasatiempos, escuchar música y leer su libro. Antes de que se diera cuenta, el piloto se preparaba para aterrizar el avión.

Esta semana, aprendí lo siguiente:

- cómo escribir oraciones compuestas
- cómo usar adverbios
- cómo escribir narraciones

NOMBRE: _____ **FECHA:** _____

Instrucciones: Nombra cuatro tipos diferentes de transporte terrestre. Luego, escribe una oración sobre cada uno de ellos.

1. _____ :

_____

_____

2. _____ :

_____

_____

3. _____ :

_____

_____

4. _____ :

_____

_____

Preescritura

Transporte terrestre

Borrador

Transporte terrestre

NOMBRE: _____ **FECHA:** _____

Instrucciones: Imagina que te desplazas a algún lado por tierra. Describe tu experiencia. Asegúrate de incluir personajes, un escenario, conflictos, una acción creciente y un desenlace. **Desafío:** Incluye diálogos también.

_____

_____

_____

_____

_____

_____

_____

_____

_____

_____

¡Recuerda!

Un párrafo narrativo sólido tiene las siguientes características:

- incluye una oración introductoria y una oración de conclusión

- usa detalles sensoriales para describir la experiencia

- parece una historia

Práctica de letra de molde abc

Instrucciones: Usa tu mejor letra de molde para completar la oración.

Quiero viajar en _____ algún día.

¡Refuerza tu aprendizaje!

Usa dos puntos y rayas de diálogo para escribir diálogos. Además, cada vez que alguien nuevo habla, debes empezar una nueva línea.

Ejemplo: —No me gustan tanto los trenes como las motocicletas —dijo Ryan.

NOMBRE: _____ **FECHA:** _____

Instrucciones: Mira la imagen. Haz una lista con la mayor cantidad de verbos que puedas sobre la bicicleta como medio de transporte. Luego, escribe dos oraciones compuestas en las que incluyas esos verbos.

- _____
- _____
- _____
- _____
- _____

- _____
- _____
- _____
- _____

1. _____

_____

_____

2. _____

_____

_____

¡Hora de mejorar!

Regresa al borrador que escribiste en la página 80. Revisa todos los verbos. Intenta usar diferentes verbos para que tu escrito sea más emocionante.

Corrección

Transporte terrestre

NOMBRE: _____ **FECHA:** _____

Instrucciones: Usa el símbolo ∧ para agregar adverbios que respalden las palabras subrayadas.

1. El paramédico <u>condujo</u> hacia el hospital.

2. Bob <u>habló</u> con los estudiantes sobre la seguridad del autobús escolar.

3. El conductor <u>estacionó</u> su camión y esperó que pasara la tormenta.

4. Sally <u>miró</u> cómo el técnico colocaba las llantas nuevas en su automóvil.

5. Después de la escuela, Carlos <u>montó</u> su patineta para ir a casa.

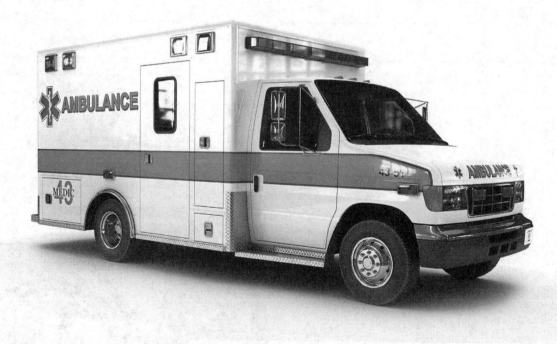

¡Recuerda!

Los adverbios modifican los verbos y, muchas veces, terminan con el sufijo *mente*.

Ejemplo: El tren se movía rápida**mente**.

¡Hora de mejorar!

Regresa al borrador que escribiste en la página 80. ¿Usaste adverbios en tu escrito? Si lo hiciste, asegúrate de que respalden correctamente los verbos que usaste.

NOMBRE: _____ **FECHA:** _____

Instrucciones: Imagina que te trasladas a algún lado por tierra. Describe tu experiencia. Asegúrate de incluir personajes, un escenario, conflictos, una acción creciente y un desenlace. **Desafío:** Incluye diálogos también.

Preescritura Superhéroes

NOMBRE: _____ **FECHA:** _____

Instrucciones: Coloca marcas de verificación en los círculos con rasgos de personalidad que crees que deberían tener los superhéroes.

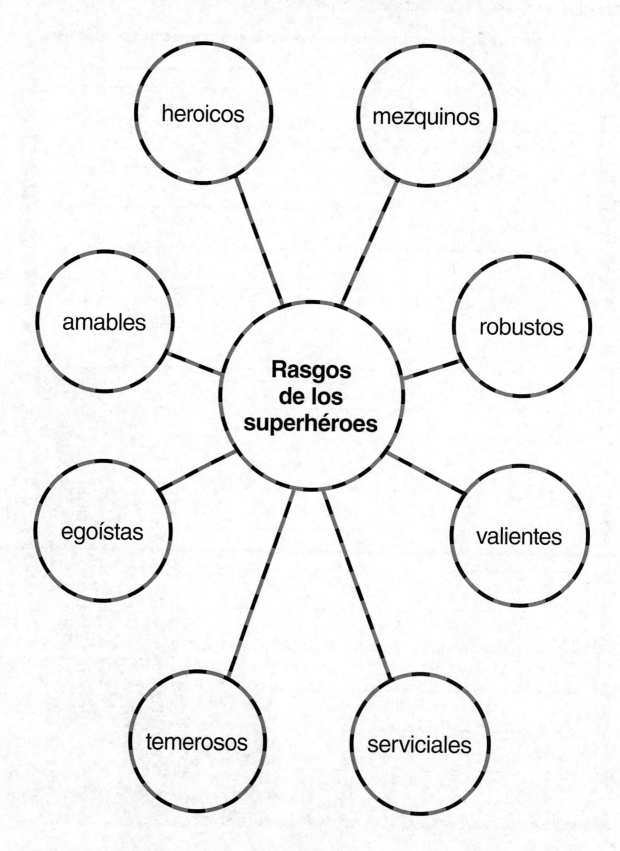

NOMBRE: _____ **FECHA:** _____

Instrucciones: Lee el párrafo. Subraya las oraciones que no están completas.

Una parte importante de la historia del entretenimiento. Hay muchos tipos diferentes de superhéroes, cada uno de los cuales tiene sus rasgos propios y únicos, o poderes especiales. Gusta leer sobre los superhéroes. Representan un estilo de vida muy diferente del nuestro, lo cual hace que sean interesantes. También han cobrado vida a lo largo de los años en pantallas cinematográficas para personas de todas las edades. Ver a un superhéroe en acción en la pantalla grande es una oportunidad emocionante que todos deberían experimentar al menos una vez.

Práctica de letra de molde abc

Instrucciones: Completa la oración. Luego, escribe por qué.

Mi superpoder preferido es _____.

_____

_____.

Revisión Superhéroes

NOMBRE: _____ FECHA: _____

Instrucciones: Completa las oraciones para mostrar concordancia entre sujeto y verbo. Luego, vuelve a escribirlas.

1. La fuerza de un superhéroe _____ enorme.

_____

_____

2. El poder de un superhéroe _____ su mejor característica.

_____

_____

3. Las batallas de los superhéroes siempre _____ intensas.

_____

_____

¡Recuerda!

La forma del verbo debe concordar con el sujeto.

Práctica rápida ⏱

Instrucciones: Define lo siguiente.

1. El sujeto es _____

2. Un verbo muestra _____

NOMBRE: _____ FECHA: _____

Instrucciones: Usa el símbolo ℓ para cambiar los verbos al presente.

1. Uno de los poderes del superhéroe <u>era</u> la habilidad para volar.

2. Los elementos radiactivos de la fórmula <u>eran</u> horribles porque <u>debilitaban</u> a los superhéroes.

3. La luz del sol <u>era</u> maravillosa porque les <u>daba</u> poderes adicionales a los superhéroes.

4. La creencia de las personas en los superhéroes <u>era</u> importante.

5. Los superhéroes <u>eran</u> afortunados de tener convicciones morales firmes como modelo.

¡Refuerza tu aprendizaje!

Cuando quieras reemplazar una palabra de una oración, usa este símbolo ℓ. Luego, escribe las palabras correctas encima de ellas.

Deseo
Ejemplo: Deseé poder conocer a un superhéroe.

Publicación
Superhéroes

NOMBRE: _____ **FECHA:** _____

Instrucciones: Vuelve a leer el párrafo sobre los superhéroes. Luego, responde las preguntas.

Los superhéroes son una parte importante de la historia del entretenimiento. Hay muchos tipos diferentes de superhéroes, cada uno de los cuales tiene sus rasgos propios y únicos, o poderes especiales. Tanto a los adultos como a los niños les gusta leer sobre los superhéroes. Representan un estilo de vida muy diferente del nuestro, lo cual hace que sean interesantes. También han cobrado vida a lo largo de los años en pantallas cinematográficas para personas de todas las edades. Ver a un superhéroe en acción en la pantalla grande es una experiencia emocionante que todos deberían experimentar al menos una vez.

1. ¿Qué hace que este sea un párrafo de opinión?

_____

_____

_____

_____

2. Subraya las pistas contextuales que revelen opiniones.

Esta semana, aprendí lo siguiente: 🖊️🖌️🧹

- cómo usar verbos en presente
- cómo escribir párrafos de opinión

NOMBRE: _____   **FECHA:** _____

Instrucciones: Coloca marcas de verificación en los círculos que crees que caracterizan a los villanos.

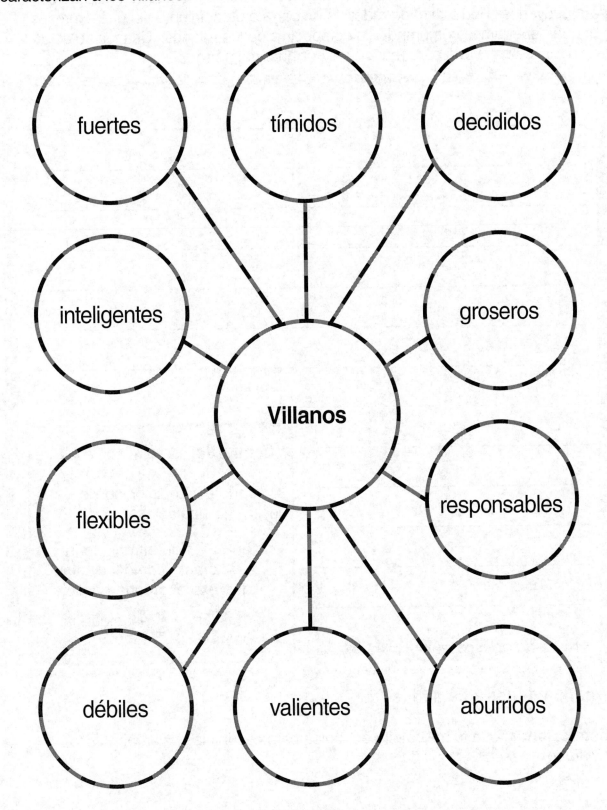

Borrador Villanos

NOMBRE: _____ **FECHA:** _____

Instrucciones: Todas las personas parecen estar siempre del lado de los superhéroes. Las personas creen que los villanos tienen demasiada maldad como para apoyarlos. Redacta el borrador de un párrafo de opinión en el que expreses por qué deberíamos comprender la perspectiva de los villanos. Usa tus notas de la página 89 como ayuda para redactar el borrador del párrafo.

_____

_____

_____

_____

_____

_____

_____

_____

_____

_____

_____

¡Recuerda!

Un párrafo de opinión sólido incluye lo siguiente:

- una oración introductoria y una oración de conclusión que expresen una opinión

- motivos que respaldan la opinión

Práctica de letra de molde abc

Instrucciones: Usa tu mejor letra de molde para escribir las palabras *villano* y *maldad*.

_____

_____

NOMBRE: _____ **FECHA:** _____

Instrucciones: Completa las oraciones para mostrar concordancia entre sujeto y verbo. Luego, vuelve a escribirlas.

1. Los poderes de un villano _____ malvados.

_____

_____

2. _____ maravilloso que los enemigos de los villanos los _____.

_____

_____

3. _____ interesante cómo el ego de los villanos _____ hacer que pierdan.

_____

_____

4. La maldad de un villano _____ ser dañina para la gente a su alrededor.

_____

_____

¡Recuerda!

Debes mostrar concordancia entre sujeto y verbo.

¡Hora de mejorar!

Regresa al borrador que escribiste en la página 90. Asegúrate de haber usado los verbos de manera correcta.

NOMBRE: _____ **FECHA:** _____

Corrección — Villanos

Instrucciones: Lee el párrafo. Usa el símbolo ℘ para corregir los verbos que no están en presente. **Pista:** Hay cuatro errores.

Los villanos eran grandiosos personajes de historietas y películas. Siempre es interesante ver lo malvados que pueden ser. Cada uno de ellos era único. A veces, son tratados de manera injusta. Generalmente, todos están del lado de los superhéroes. Yo creí que las personas deberían tratar de comprender más a los villanos. Si supiéramos más sobre ellos, podríamos comprender mejor por qué son como son. Tal vez, algún día, los superhéroes y los villanos pudieron llevarse bien.

¡Recuerda!

Cuando quieras reemplazar una palabra de una oración, usa este símbolo ℘. Luego, escribe las palabras correctas encima de ellas.

Deseo
Ejemplo: Deseé poder conocer a un villano.

¡Hora de mejorar!

Regresa al borrador que escribiste en la página 90. ¿Usaste lo tiempos verbales correctos? Si no lo has hecho, corrígelos.

NOMBRE: _____ **FECHA:** _____

Publicación

Villanos

Instrucciones: Todas las personas parecen estar siempre del lado de los superhéroes. Las personas creen que los villanos tienen demasiada maldad como para apoyarlos. Escribe un párrafo de opinión en el que expreses por qué deberíamos comprender la perspectiva de los villanos.

_____

_____

_____

_____

_____

_____

_____

_____

_____

_____

_____

_____

_____

_____

_____

Preescritura

Gran Cañón

NOMBRE: _____ **FECHA:** _____

Instrucciones: Escribe *dato* u *opinión* junto a cada enunciado sobre el Gran Cañón.

1. El Gran Cañón es enorme.

2. Es la maravilla natural más espectacular.

3. El Gran Cañón recibe millones de visitantes por año.

4. Está compuesto de roca.

5. Todos deberían encontrar tiempo para visitar el Gran Cañón.

NOMBRE: _____ **FECHA:** _____

Instrucciones: Lee el párrafo sobre el Gran Cañón. Subraya todas las oraciones incompletas.

El Gran Cañón ubicado en Arizona. Mide 277 millas (446 kilómetros) de largo. El río Colorado atraviesa el Gran Cañón. Vivido alrededor del Gran Cañón durante miles de años. Las personas disfrutan visitando este hermoso lugar. Los visitantes, a menudo, hacen excursiones por el cañón o practican rafting en el río.

Práctica de letra de molde abc

Instrucciones: Usa tu mejor letra de molde para volver a escribir la oración.

El Gran Cañón es un inmenso cañón de roca de color rojo.

_____

_____.

Revisión
Gran Cañón

NOMBRE: _____ **FECHA:** _____

Instrucciones: Encierra el adjetivo correcto para completar las oraciones.

1. El aire aquí es (más limpio **o** el más limpio) de los Estados Unidos.

2. Mide 4 millas (6 kilómetro) de ancho en el punto (más estrecho **o** el más estrecho).

3. El Cañón del Colca es (más profundo **o** el más profundo) que el Gran Cañón.

4. El Gran Cañón es (más **o** el más) famoso cañón del mundo.

5. Su punto (ancho **o** más ancho) mide 18 millas (29 kilómetros) de un lado al otro.

Práctica rápida ⏱

Instrucciones: Traza una línea entre el sujeto y el predicado.

Las personas viajan en helicóptero para conocer el cañón.

NOMBRE: _____ **FECHA:** _____

Instrucciones: Revisa el párrafo en busca de errores de ortografía. Usa el símbolo ℒ para corregirlos. **Pista:** Hay cuatro errores de ortografía.

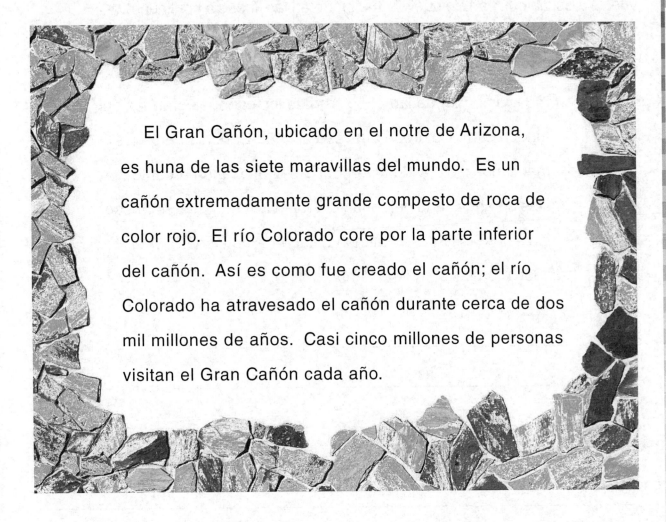

El Gran Cañón, ubicado en el notre de Arizona, es huna de las siete maravillas del mundo. Es un cañón extremadamente grande compesto de roca de color rojo. El río Colorado core por la parte inferior del cañón. Así es como fue creado el cañón; el río Colorado ha atravesado el cañón durante cerca de dos mil millones de años. Casi cinco millones de personas visitan el Gran Cañón cada año.

Práctica rápida ⏱

Instrucciones: Escribe el plural de los sustantivos.

1. pirámide _____

2. país _____

3. cuerpo _____

Publicación
Gran Cañón

NOMBRE: _____ **FECHA:** _____

Instrucciones: Vuelve a leer el párrafo. Piensa cómo puedes mejorarlo con base en lo que has aprendido esta semana. Agrega tus notas en los márgenes. Luego, vuelve a escribir un párrafo nuevo y mejorado en las líneas a continuación.

El Gran Cañón está ubicados en Arizona. Mide 277 millas (446 kilómetros) de largo. Es uno de los cañones grandes del mundo. El río Colorado atravesa el Gran Cañón. Indígenas americanos han vivido alrededor del Gran Cañón durante miles de años. Las personas disfruta visitando este hermoso lugar. Los visitantes, a menudo, hacen excursiones por el cañón o practican rafting dentro del río.

_____

_____

_____

_____

_____

_____

_____

_____

_____

Esta semana, aprendí lo siguiente:

- cómo identificar oraciones incompletas

- cómo identificar adjetivos correctos

- cómo corregir errores de ortografía

NOMBRE: _____ **FECHA:** _____

Instrucciones: Coloca marcas de verificación en las pirámides que tienen oraciones completas.

Las pirámides de Egipto.

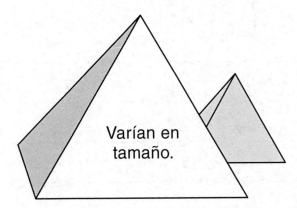
Varían en tamaño.

Tomó mucho tiempo construir cada pirámide.

Construidas por seres humanos.

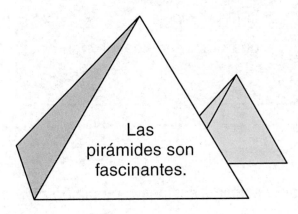
Las pirámides son fascinantes.

La base de las pirámides es un cuadrado.

Borrador

Pirámides egipcias

NOMBRE: _____ **FECHA:** _____

Instrucciones: Piensa en las pirámides egipcias. Redacta el borrador de un párrafo informativo/explicativo sobre las pirámides egipcias. Incluye datos sobre cómo son y para qué se utilizaron.

_____

_____

_____

_____

_____

_____

_____

_____

_____

_____

_____

_____

> **¡Recuerda!**
>
> Un párrafo informativo/explicativo sólido debería incluir lo siguiente:
>
> - una oración temática
> - detalles que respaldan la idea principal
> - una oración de conclusión

Práctica de letra de molde `abc`

Instrucciones: Usa tu mejor letra de molde para escribir el sustantivo propio *Egipto* dos veces.

_____   _____

NOMBRE: _____ FECHA: _____

Instrucciones: Elige el adjetivo correcto del banco de palabras para completar las oraciones.

Banco de palabras

más pequeñas	más grande	más alta	mucho más	más

---

1. Las antiguas pirámides egipcias son algunas de las estructuras _____ impresionantes construidas por el ser humano.

2. La pirámide _____ es la pirámide de Keops, también conocida como la gran pirámide de Guiza.

3. Durante años, la pirámide de Keops fue considerada la estructura _____ hecha por el hombre, la cual supera los 480 pies (146 metros) de altura.

4. En ese momento tomó _____ tiempo construirla del que tomaría hoy.

5. Las habitaciones _____ de las pirámides eran, por lo general, templos.

¡Hora de mejorar!

Regresa al borrador que escribiste en la página 100. ¿Usaste adjetivos en grado comparativo o superlativo? Si lo hiciste, asegúrate de haberlos usado correctamente.

Corrección

Pirámides egipcias

NOMBRE: _____ **FECHA:** _____

Instrucciones: Usa los símbolos ☰ , ∧ y ℓ para corregir el párrafo.
Pista: Hay seis errores.

Ecsisten muchos datos únicos sobre las pirámides. La Gran Pirámide de guiza apunta al norte. Todas las pirámides de egipto se construyeron al oeste del río nilo. La base de las pirámides siempre era un cuadrado perfecto Las pirámides se construyeron principalmente con piedra caliza. Había trampas y maldiciones en las pirámides para tratar de mantener alejados a los ladrones. Es increíble lo avansada que era la cultura hace miles de años.

¡Hora de mejorar!

Regresa al borrador que escribiste en la página 100. Vuelve a leer tu escrito para asegurarte de que hayas escrito las palabras y usado la mayúscula inicial correctamente.

NOMBRE: _____ FECHA: _____

Publicación

Pirámides egipcias

Instrucciones: Piensa en las pirámides egipcias. Escribe un párrafo informativo/explicativo sobre las pirámides egipcias. Incluye datos sobre cómo son y cómo se utilizaron.

_____

_____

_____

_____

_____

_____

_____

_____

_____

_____

_____

NOMBRE: _____ **FECHA:** _____

Instrucciones: Lee los enunciados sobre Thomas Edison. Coloca una marca de verificación junto a cada oración que quisieras incluir en un párrafo narrativo sobre un encuentro con él.

_____ Thomas Edison nació en Milan, Ohio, pero más tarde se mudó a Michigan.

_____ Thomas Edison recibió educación en su hogar y su madre fue su tutora.

_____ Edison era inteligente y amigable.

_____ Edison sabía que se convertiría en inventor.

_____ Tenía poco más de treinta años cuando inventó una bombilla de luz que podía fabricarse para el hogar y usarse allí.

_____ También inventó fusibles de seguridad e interruptores de encendido y apagado para los portabombillas.

_____ Edison era una persona divertida.

_____ Continuó trabajando y realizando invenciones hasta su muerte en 1931.

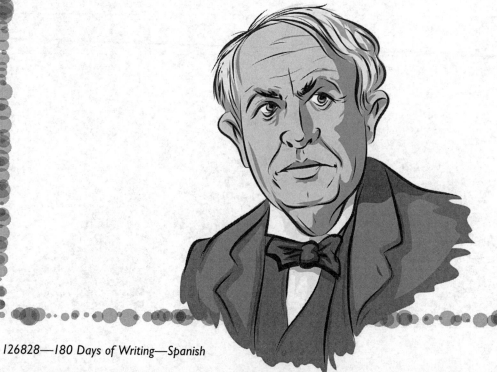

NOMBRE: _____ **FECHA:** _____

Instrucciones: Lee el párrafo. Escribe notas en los márgenes sobre las partes del párrafo que te ayudan a saber que se trata de una narración.

Un día, estaba caminando por el parque. De repente, me topé con un hombre llamado Thomas Edison. Fue muy amable y cortés, a pesar de que me había tropezado con él. Tenía poco más de treinta años y me explicó que era un inventor. No lo reconocí al principio, pero cuando le pregunté sobre las invenciones que había realizado, me di cuenta de que debería haber sabido quién era. ¡Él inventó la bombilla de luz para el hogar! También inventó fusibles de seguridad e interruptores de encendido y apagado para los portabombillas. ¡Imagínalo! Uso esos dispositivos todos los días y ni siquiera reconocí al hombre que los hizo posible. Avergonzado, le agradecí amablemente por haber conversado conmigo y luego, me alejé caminando. De ahora en adelante, pensaré en este día cada vez que encienda las luces de mi casa.

Práctica para escribir en cursiva *abc*

Instrucciones: Escribe las palabras *inventor* y *bombilla de luz* en letra cursiva.

_____

_ _ _ _ _ _ _ _ _ _ _ _ _ _ _ _ _

_____

_ _ _ _ _ _ _ _ _ _ _ _ _ _ _ _ _

_____

Revisión

Thomas Edison

NOMBRE: _____ **FECHA:** _____

Instrucciones: Revisa las oraciones simples y conviértelas en oraciones compuestas.

1. Es posible que Thomas Edison sea el inventor más grande de la historia. Tiene más de 1,000 patentes.

_____

_____

2. Thomas Edison construyó un laboratorio de investigación. El laboratorio fue construido con el propósito de realizar invenciones.

_____

_____

3. Thomas Edison nació en Milan, Ohio. Más tarde, se mudó a Michigan.

_____

_____

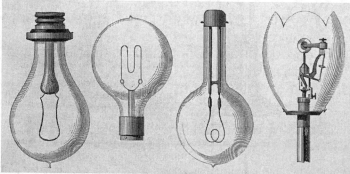

¡Refuerza tu aprendizaje!

Para agregar variaciones en tus escritos, incluye oraciones compuestas.

Oraciones simples: Thomas Edison fue un empresario. Fundó muchas compañías.

Oración compuesta: Thomas Edison fue un empresario y fundó muchas compañías.

NOMBRE: _____ **FECHA:** _____

Instrucciones: Usa el símbolo ∧ para agregar comas a las direcciones.

1234 Invention Lane
Menlo Park NJ 08817

5678 Inventor Road
Milan OH 44846

135 Inventing Place
Port Huron MI 48011

555 Invent Circle
Rocky Point CA 10013

¡Refuerza tu aprendizaje! 🚀

Al escribir direcciones, la coma separa la ciudad del estado.

Ejemplo: 468 Sunny Dr.
Sacramento, CA 95828

NOMBRE: _____ **FECHA:** _____

Publicación

Thomas Edison

Instrucciones: Vuelve a leer el párrafo. En los márgenes, agrega al menos dos líneas de diálogo. Luego, dibuja flechas para indicar en qué lugar del párrafo deberían agregarse los diálogos.

Un día, estaba caminando por el parque. De repente, me topé con un hombre llamado Thomas Edison. Fue muy amable y cortés, a pesar de que me había tropezado con él. Tenía poco más de treinta años y me explicó que era un inventor. No lo reconocí al principio, pero cuando le pregunté sobre las invenciones que había realizado, me di cuenta de que debería haber sabido quién era. ¡Él inventó la bombilla de luz para el hogar! También inventó fusibles de seguridad e interruptores de encendido y apagado para los portabombillas. ¡Imagínalo! Uso esos dispositivos todos los días y ni siquiera reconocí al hombre que los hizo posible. Avergonzado, le agradecí amablemente por haber conversado conmigo y luego, me alejé caminando. De ahora en adelante, pensaré en este día cada vez que encienda las luces de mi casa.

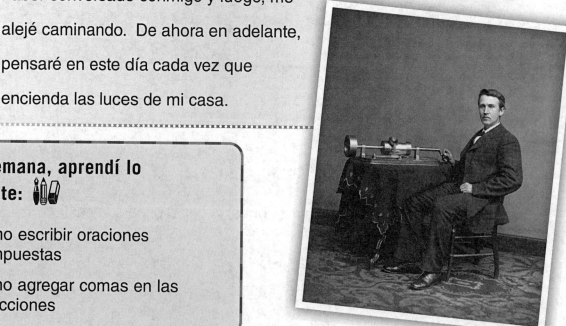

Esta semana, aprendí lo siguiente:

- cómo escribir oraciones compuestas

- cómo agregar comas en las direcciones

NOMBRE: _____ **FECHA:** _____

Instrucciones: Lee los datos sobre Benjamin Franklin. Luego, usa la tabla a continuación para planificar lo que te gustaría incluir en un párrafo narrativo sobre un encuentro con él.

- Benjamin Franklin fue un gran estadounidense.

- Pudo fundar varias compañías y realizar cuatro invenciones diferentes.

- Franklin no patentó ninguna de sus invenciones porque prefería que las personas las usaran para su comodidad.

- Sus invenciones incluyen la electricidad, la estufa salamandra, los lentes bifocales y el pararrayos.

- Franklin fue un hombre muy influyente de su época.

Mi día con Benjamin Franklin
Donde nos encontramos:
Cómo era:
Qué hicimos:

Borrador

Benjamin Franklin

NOMBRE: _____ FECHA: _____

Instrucciones: Redacta el borrador de un párrafo narrativo sobre tu encuentro con Benjamin Franklin. Incluye detalles sobre lo que pasó cuando lo conociste. Usa tus notas de la página 109 como ayuda para redactar el borrador del párrafo.

_____

_____

_____

_____

_____

_____

_____

_____

_____

_____

_____

_____

_____

> **¡Recuerda!**
>
> Un párrafo narrativo sólido tiene las siguientes características:
>
> - incluye una oración introductoria y una oración de conclusión
>
> - usa detalles sensoriales para describir la experiencia
>
> - parece una historia

Práctica para escribir en cursiva *abc*

Instrucciones: Usa letra cursiva para completar la oración.

_____

Me gustaría inventar _____.

NOMBRE: _____ **FECHA:** _____

Instrucciones: Lee las oraciones. Rotula cada oración con la palabra *simple* si la oración es simple y con la palabra *compuesta* si la oración es compuesta.

1. Benjamin Franklin fue un gran estadounidense.

   _____

2. Pudo fundar varias compañías y realizar cuatro invenciones diferentes.

   _____

3. Franklin no patentó ninguna de sus invenciones porque prefería que las personas las usaran para su comodidad.

   _____

4. Sus invenciones incluyen la electricidad, la estufa salamandra, los lentes bifocales y el pararrayos.

   _____

5. Franklin fue un hombre muy influyente de su época.

   _____

¡Hora de mejorar!

Regresa al borrador que escribiste en la página 110. Busca oraciones simples. Revísalas e intenta convertirlas en oraciones compuestas.

Corrección
Benjamin Franklin

NOMBRE: _____ **FECHA:** _____

Instrucciones: Usa el símbolo ∧ para agregar comas en las siguientes oraciones.

1. Benjamin Franklin nació en Boston Massachusetts.

2. Pasó algún tiempo trabajando en Londres Inglaterra.

3. Benjamin Franklin fue el delegado principal del congreso en Albany Nueva York.

4. Franklin murió en Filadelfia Pensilvania.

Práctica rápida

Instrucciones: Piensa en tres adjetivos que describen a Benjamin Franklin.

1. _____

2. _____

3. _____

¡Hora de mejorar!

Regresa al borrador que escribiste en la página 110.
Asegúrate de que hayas usado las comas correctamente.

NOMBRE: _____ **FECHA:** _____

Instrucciones: Escribe un párrafo narrativo sobre un encuentro con Benjamin Franklin. Incluye detalles sobre lo que pasó cuando lo conociste.

NOMBRE: _____ **FECHA:** _____

Instrucciones: Coloca marcas de verificación en los círculos con oraciones que podrían incluirse en un párrafo informativo/explicativo.

Los pulpos tienen ocho brazos.

Los tentáculos permiten que los pulpos tomen objetos.

Los pulpos son los animales más increíbles del mar.

Me gustaría tener un pulpo como mascota.

Pulpos

Los pulpos tienen todo tipo de colores.

Los pulpos no tienen huesos en el cuerpo.

NOMBRE: _____   **FECHA:** _____

Instrucciones: Lee el párrafo. Escribe notas en los márgenes que expliquen por qué el párrafo es un párrafo informativo/explicativo.

Los pulpos aprovechan ciertas características a la hora de defenderse. Pueden camuflarse con su entorno, lo cual les permite esconderse fácilmente de sus depredadores dispuestos a la caza. También pueden protegerse lanzando una sustancia similar a la tinta a los depredadores que los ciega temporalmente. La tinta también disminuye de manera grave el sentido del olfato de los depredadores. Esto hace que sea difícil que los depredadores al acecho vean o huelan a los pulpos y así, estos pueden escapar de manera segura.

**Práctica para escribir
en cursiva** abc

Instrucciones: Escribe en letra cursiva dos adjetivos que describan a los pulpos.

_____   _____

- - - - - - - - - - - -   - - - - - - - - - - - -

Revisión Pulpos

NOMBRE: _____ **FECHA:** _____

Instrucciones: Subraya la conjunción coordinante de cada oración.

1. Los pulpos viven en aguas cálidas y frías, y pueden pesar hasta 55 libras (25 kilogramos).

2. El pulpo de anillos azules es hermoso y pequeño, pero es uno de los animales más venenosos del planeta.

3. El calamar no tiene estructura esquelética, ni el pulpo tampoco.

4. La zona alrededor de los ojos, los brazos y las ventosas puede oscurecerse, así, los pulpos parecen más amenazadores.

5. Los pulpos pueden alcanzar una velocidad de 25 mph (40 kph), pero no pueden mantenerla durante mucho tiempo.

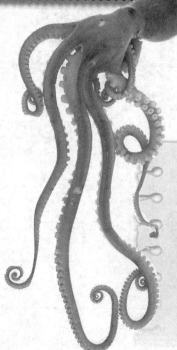

¡Refuerza tu aprendizaje!

Una **conjunción coordinante** es una palabra que conecta partes de una oración.

Ejemplo: Los pulpos tienen una visión excelente, **pero** son sordos.

NOMBRE: _____ FECHA: _____

Instrucciones: Usa el símbolo _ℓ_ para corregir las palabras escritas con errores de ortografía en el párrafo.

Los pulpos aprovechan ciertas características a la

ora de defenderse. Pueden camuflarse con su entorno,

lo cual les permite esconderse fácilmente de sus

depredadores dispuestos a la casa. También pueden

protegerse lanzando una sustancia similar a la tinta a

los depredadores, que los siega temporalmente. La tinta

también disminuye de manera grabe el sentido del olfato

de los depredadores. Esto hace que sea difícil

que los depredadores al asecho vean o huelan

a los pulpos y así, estos

pueden escapar de

manera segura.

¡Recuerda! ✍

Algunas palabras tienen el mismo sonido, pero tienen significados distintos y se escriben de manera diferente. Asegúrate de usar la manera correcta de escribirlas en tus escritos. Si encuentras una palabra que podría tener un error ortográfico, enciérrala y escribe *ort* encima del círculo. Si sabes cómo se escribe la palabra, táchala en la oración y escribe la palabra correcta encima de ella.

NOMBRE: _____ **FECHA:** _____

Instrucciones: Vuelve a leer el párrafo sobre los pulpos. Luego, agrega dos detalles nuevos al párrafo y vuelve a escribir una versión final a continuación. Usa las oraciones de la página 116 como ayuda.

Los pulpos aprovechan ciertas características a la hora de defenderse. Pueden camuflarse con su entorno, lo cual les permite esconderse fácilmente de sus depredadores dispuestos a la caza. También pueden protegerse lanzando una sustancia similar a la tinta a los depredadores, que los ciega temporalmente. La tinta también disminuye de manera grave el sentido del olfato de los depredadores. Esto hace que sea difícil que los depredadores al acecho vean o huelan a los pulpos y así, estos pueden escapar de manera segura.

_____

_____

_____

_____

_____

_____

_____

_____

_____

Esta semana, aprendí lo siguiente:

- cómo identificar conjunciones coordinantes
- cómo identificar palabras con múltiples significados

NOMBRE: _____ **FECHA:** _____

Instrucciones: Rotula la imagen del tiburón. Usa los términos del banco de palabras como ayuda.

Banco de palabras

branquias delgadas

ojos redondos y brillantes

piel áspera

aleta pequeña

dientes afilados

hocico puntiagudo

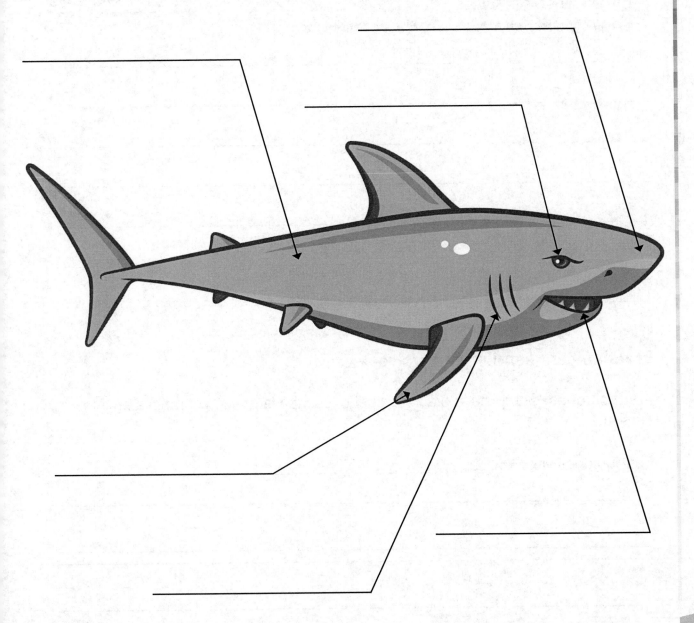

Borrador · Tiburones

NOMBRE: _____ **FECHA:** _____

Instrucciones: Piensa en los tiburones. Redacta el borrador de un párrafo informativo/explicativo sobre ellos. Incluye datos sobre lo que comen y cómo lucen. Usa tus notas de la página 119 y los siguientes datos como ayuda para redactar el borrador de tu párrafo.

Banco de datos

- Nadan en océanos grandes y profundos.

- Los tiburones pueden oler desde muy lejos.

- Respiran a través de branquias.

- La piel del tiburón está formada por escamas ásperas.

_____

_____

_____

_____

_____

_____

_____

Práctica para escribir en cursiva *abc*

Instrucciones: Completa la oración. Luego, escribe la oración completa en letra cursiva.

Los tiburones viven en los _____.

_____

- -

_____

NOMBRE: _____ **FECHA:** _____

Instrucciones: Inserta una conjunción coordinante para completar cada oración.

1. Los tiburones han existido durante aproximadamente 400 millones de años _____ están en la parte superior de la cadena alimentaria natural del océano.

2. Son muy buenos sobrevivientes _____ han tenido pocos motivos para evolucionar en los últimos 150 millones de años.

3. Muchas personas les temen a los tiburones, _____ ellos son bastantes inofensivos para los seres humanos la mayor parte del tiempo.

¡Recuerda!

Una conjunción coordinante es una palabra que conecta partes de una oración. Las conjunciones incluyen las siguientes: *ya que*, *y/e*, *ni*, *pero*, *o/u*, *sin embargo* y *así que*.

¡Hora de mejorar! ⌖

Regresa al borrador que escribiste en la página 120. ¿Incluiste conjunciones coordinante? Si no lo hiciste, revisa si puedes agregar algunas.

Corrección

Tiburones

NOMBRE: _____   **FECHA:** _____

Instrucciones: Usa el símbolo para corregir errores de ortografía en las oraciones.

1. Los tiburones tienen un increíble sentido del olfato, lo que los hace depredadores muy ecsitosos.

2. Los tiburones son facinantes para los niños.

3. Tienen las manbídulas más poderosas del planeta.

4. Cada tipo de tiburón tiene dientes de forma diztinta.

5. Los tiburones nunca se qedan sin dientes porque tienen filas de dientes sustitutos.

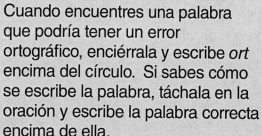

¡Recuerda!

Cuando encuentres una palabra que podría tener un error ortográfico, enciérrala y escribe *ort* encima del círculo. Si sabes cómo se escribe la palabra, táchala en la oración y escribe la palabra correcta encima de ella.

¡Hora de mejorar!

Regresa al borrador que escribiste en la página 120. Vuelve a leer el párrafo para asegurarte de haber escrito todo sin errores de ortografía.

NOMBRE: _____ **FECHA:** _____

Instrucciones: Piensa en los tiburones. Escribe un párrafo informativo/explicativo sobre los tiburones. Incluye datos sobre lo que comen y cómo lucen.

_____

_____

_____

_____

_____

_____

_____

_____

_____

_____

_____

NOMBRE: _____ FECHA: _____

Preescritura
Planetas

Instrucciones: Coloca asteriscos en los planetas que tienen oraciones que crees que corresponden a un párrafo informativo/explicativo sobre los planetas.

Hay ocho planetas en nuestro sistema solar.

La Tierra es uno de los planetas de nuestro sistema solar.

Las personas han esperado durante mucho tiempo para viajar al espacio.

Júpiter es el planeta más grande.

Marte es apodado el Planeta Rojo por su polvo de color rojo.

Mercurio es el planeta más cercano al Sol.

La ciencia es algo muy interesante para aprender.

Los planetas exteriores incluyen Júpiter, Saturno, Urano y Neptuno.

NOMBRE: _____ **FECHA:** _____

Instrucciones: Lee el párrafo. Tacha las oraciones que no se relacionan con el tema.

Hay ocho planetas en nuestro sistema solar, incluido nuestro planeta, la Tierra. Me gustan los cohetes. Júpiter es el planeta más grande. Marte es apodado el Planeta Rojo por su polvo de color rojo. A las personas les gusta mirar películas del espacio. Mercurio y Venus son los planetas más cercanos al Sol. Los planetas exteriores incluyen Júpiter, Saturno, Urano y Neptuno. ¿Viajarías al espacio?

Práctica para escribir en cursiva *abc*

Instrucciones: Elige dos planetas y escribe sus nombres en letra cursiva.

_____

_ _

_____

_ _

NOMBRE: _____ **FECHA:** _____

Instrucciones: Encierra el adjetivo correcto para completar cada oración.

1. La Tierra tiene (menos **o** la menor cantidad de) lunas que Júpiter.

2. Venus es (más brillante que **o** el planeta más brillante) de nuestro sistema solar.

3. La Tierra tiene (más **o** la mayor cantidad de) agua que tierra.

4. Marte tiene el volcán (más grande que **o** más grande) del sistema solar.

5. La mancha roja de Júpiter es la tormenta (más grande que **o** más grande) y más violenta del sistema solar.

6. Saturno es el planeta (más liviano que **o** más liviano) en nuestro sistema solar.

Práctica rápida ⏱

Instrucciones: Coloca comas donde sea necesario.

1. Los planetas interiores son Mercurio Venus la Tierra y Marte.

2. El sistema solar también tiene cometas polvo lunas y algunos planetas enanos.

NOMBRE: _____ **FECHA:** _____

Instrucciones: Usa los símbolos ☰ y ╱ para corregir los errores de uso de mayúsculas en el párrafo.

Hay ocho Planetas en nuestro sistema solar. plutón antes era el noveno planeta, pero posteriormente se lo ha llamado un planeta enano. a veces, venus puede observarse con el ojo humano porque es el planeta más brillante. júpiter es tan grande que todos los otros planetas podrían entrar en él. Ambos, Saturno y urano tienen anillos compuestos de Roca y hielo. Neptuno, al igual que júpiter, tiene una mancha oscura causada por una tormenta. Los planetas son muy interesantes, y los científicos siempre están aprendiendo nuevos datos sobre ellos.

¡Recuerda!

Los sustantivos propios y la primera palabra de las oraciones deben comenzar con mayúscula. Los sustantivos comunes no se escriben con mayúscula.

NOMBRE: _____ **FECHA:** _____

Publicación | Planetas

Instrucciones: Lee el párrafo. Usa los márgenes para agregar al párrafo dos detalles del banco de detalles.

Banco de detalles

- Un dato interesante sobre Saturno son sus numerosas lunas; tiene alrededor de 53 lunas conocidas.

- Las nubes amarillas de Venus reflejan la luz solar con mucho brillo.

Hay ocho planetas en nuestro sistema solar, incluido nuestro planeta, la Tierra. Júpiter es el planeta más grande. Marte es apodado el Planeta Rojo por su polvo de color rojo. Mercurio y Venus son los planetas más cercanos al Sol. Los planetas exteriores incluyen Júpiter, Saturno, Urano y Neptuno.

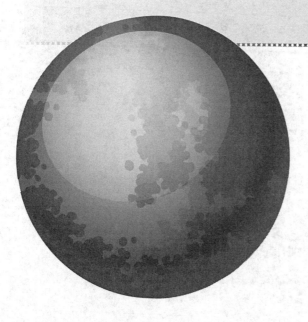

Esta semana, aprendí lo siguiente:

- cómo identificar sustantivos propios

- cómo usar adjetivos en grado comparativo y superlativo

- cómo corregir el uso correcto de mayúsculas

NOMBRE: _____ **FECHA:** _____

Instrucciones: Haz dibujos del Sol y la Luna. Escribe una cosa que sea similar y una cosa que sea diferente entre ellos.

Sol	Luna

Similitud

_____

_____

Diferencia

_____

_____

Borrador

El Sol y la Luna

NOMBRE: _____ **FECHA:** _____

Instrucciones: Piensa en el Sol y la Luna. Redacta el borrador de un párrafo informativo/explicativo sobre los datos más interesantes de ellos. También, analiza las similitudes y diferencias. Usa tus notas de la página 129 como ayuda.

_____

_____

_____

_____

_____

_____

_____

_____

_____

_____

_____

> **¡Recuerda!**
>
> Un párrafo informativo/explicativo sólido debería incluir lo siguiente:
>
> • una oración temática
>
> • detalles que respaldan la idea principal
>
> • una oración de conclusión

Práctica para escribir en cursiva *abc*

Instrucciones: Usa letra cursiva para escribir las palabras *Sol* y *Luna*.

_____

- -

_____

_____

NOMBRE: _____ FECHA: _____

Instrucciones: Escribe la forma correcta de los adjetivos comparativos o superlativos en los espacios en blanco.

1. Nuestra Luna está entre _____ del sistema solar.
   (grande)

2. De las montañas de la Luna, Mons Huygens es _____.
   (alta)

3. El efecto de la gravedad es mucho _____ en la Tierra que en la Luna.
   (fuerte)

4. La Tierra está mucho _____ del Sol que de cualquier otra estrella.
   (cerca)

5. El Sol es un millón de veces _____ que la Tierra.
   (grande)

. . . .

Práctica rápida ⏱

Instrucciones: Subraya los sustantivos comunes.

1. La superficie del Sol es abrasadoramente caliente.

2. Las mareas de la Tierra se ven bastante impactadas por la fuerza gravitatoria de la Luna.

3. La superficie de la Luna está cubierta de cráteres.

. . . .

¡Hora de mejorar!

Regresa al borrador que escribiste en la página 130. ¿Usaste algún adjetivo en grado comparativo o superlativo en tu escrito? Si lo hiciste, asegúrate de que los hayas usado correctamente.

Corrección

El Sol y la Luna

NOMBRE: _____ **FECHA:** _____

Instrucciones: Usa los símbolos ☰ y ╱ para corregir los errores de uso de mayúsculas en las oraciones.

1. la primera Persona en pisar la Luna fue neil armstrong.

2. un eclipse lunar ocurre cuando la tierra está entre el Sol y la Luna.

3. la Luna orbita alrededor de la tierra cada 27.3 días.

4. muchas civilizaciones han adorado al Sol por su gran importancia.

5. un eclipse solar Ocurre cuando la Luna está entre la Tierra y el sol.

¡Refuerza tu aprendizaje!

Las palabras *Luna* y *Sol* van en mayúscula cuando se refieren a los cuerpos celestes en contextos astronómicos.

¡Hora de mejorar!

Regresa al borrador que escribiste en la página 130. Verifica para asegurarte de que todas las palabras estén escritas con mayúscula inicial o minúscula según corresponda.

NOMBRE: _____ **FECHA:** _____

Instrucciones: Piensa en el Sol y en la Luna. Escribe un párrafo informativo/explicativo sobre los datos más interesantes de ellos. También, analiza las similitudes y diferencias.

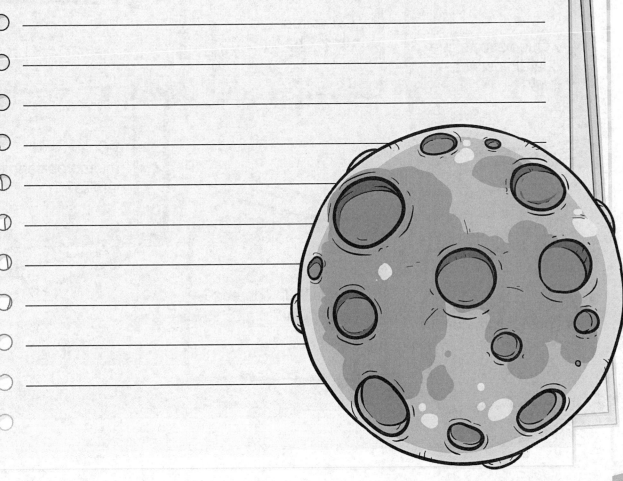

_____

_____

_____

_____

_____

_____

_____

_____

_____

_____

_____

_____

_____

_____

Preescritura

Eric Carle

NOMBRE: _____ **FECHA:** _____

Instrucciones: Coloca marcas de verificación en los libros con las preguntas que le harías al autor Eric Carle sobre su carrera profesional.

¿Cuál libro de los que ha escrito es el más significativo para usted?

¿Le gusta el helado de chocolate?

¿Le gusta nadar, caminar o trotar?

¿Qué pasos sigue cuando escribe un libro?

¿Qué otros trabajos ha tenido?

¿Cuántos miembros tiene su familia?

¿Cuál es el título del primer libro que escribió?

¿Cuándo comenzó a dibujar?

126828—180 Days of Writing—Spanish

NOMBRE: _____ **FECHA:** _____

Instrucciones: Lee el diálogo. Luego, responde la pregunta.

—Cuando crezca quiero ser escritora, al igual que usted —dijo Molly.

—Puedes ser cualquier cosa que desees, siempre y cuando trabajes duro —afirmó Eric Carle.

—Estoy dispuesta a trabajar muy duro. Lo prometo —dijo Molly sonriendo—. Un día, leerá un libro de la famosa Molly —proclamó ella.

1. ¿Cómo ayuda el diálogo a comprender el texto?

_____

_____

_____

_____

Práctica para escribir en cursiva _abc_

Instrucciones: Usa letra cursiva para completar la oración.

Mi libro favorito es. . .

_____

_____

Revisión

Eric Carle

NOMBRE: _____ **FECHA:** _____

Instrucciones: Lee el párrafo. Encierra los verbos que no están en presente. Luego, escribe los verbos correctamente a continuación.

Eric Carle usó la técnica de collage para crear sus hermosas imágenes. Pintó sobre papel fino coloreado y creó textura mediante el uso de diferentes objetos tales como pinceles, los dedos, esponjas o incluso estampillas. Luego, recorta las diferentes figuras con las que hizo sus escenas y personajes.

1. _____

2. _____

3. _____

4. _____

5. _____

La oruga hambrienta

Práctica rápida ⏱

Instrucciones: Encierra las palabras que tengan más de un significado.

lápiz   bota   árbol   sierra   banco

NOMBRE: _____ **FECHA:** _____

Instrucciones: Usa el símbolo ∨ para agregar rayas al diálogo.

Cuando crezca quiero ser escritora dijo Molly.

Puedes ser cualquier cosa que desees, siempre y

cuando trabajes duro afirmó Eric Carle.

Estoy dispuesta a trabajar muy duro. Lo prometo dijo

Molly sonriendo. Un día, leerá un libro de la famosa Molly

proclamó ella.

Publicación

Eric Carle

NOMBRE: _____ FECHA: _____

Instrucciones: Repasa el diálogo. Piensa en cómo continuará después el diálogo entre Molly y Eric Carle. Luego, agrega al menos dos líneas más de diálogo.

—Cuando crezca quiero ser escritora, al igual que usted —dijo Molly.

—Puedes ser cualquier cosa que desees, siempre y cuando trabajes duro —afirmó Eric Carle.

—Estoy dispuesta a trabajar muy duro. Lo prometo —dijo Molly sonriendo—. Un día, leerá un libro de la famosa Molly —proclamó ella.

_____

_____

_____

_____

_____

_____

Esta semana, aprendí lo siguiente:

- cómo usar un tiempo verbal de manera uniforme
- cómo usar correctamente la puntuación en los diálogos

NOMBRE: _____ **FECHA:** _____

Instrucciones: Imagina que puedes entrevistar a J. K. Rowling, autora de la serie Harry Potter. Elabora una pregunta para cada una de las siguientes palabras. Se incluye el primer ejemplo.

1. **dormir:** <u>¿Le vienen algunas de sus ideas mientras duerme?</u> _____

2. **pensar:** _____

_____

3. **corregir:** _____

_____

4. **jugar:** _____

_____

5. **escribir correctamente:** _____

_____

6. **borrar:** _____

_____

7. **reescribir:** _____

_____

8. **rendirse:** _____

_____

Borrador

J. K. Rowling

NOMBRE: _____ **FECHA:** _____

Instrucciones: Imagina que entrevistas a J. K. Rowling. ¿Qué le preguntarías? ¿Sobre qué conversarían? Redacta un diálogo inventado entre ustedes dos. Incluye al menos tres preguntas con las respuestas correspondientes. Usa las preguntas de la página 139 como ayuda para escribir el borrador de tu párrafo narrativo.

_____

_____

_____

_____

_____

_____

_____

_____

_____

_____

¡Recuerda!

Un párrafo narrativo sólido tiene las siguientes características:

- incluye una oración introductoria y una oración de conclusión

- usa detalles sensoriales para describir la experiencia

- parece una historia

Práctica para escribir en cursiva _abc_

Instrucciones: Usa letra cursiva para escribir las palabras *autor* y *serie*.

_____

_ _

_____

_ _

_____

126828—180 Days of Writing—Spanish

NOMBRE: _____ **FECHA:** _____

Instrucciones: Lee el párrafo. Encierra los verbos que no están en pasado. Luego, responde la pregunta.

J. K. Rowling nace en Inglaterra el 31 de julio de 1965. De niña, disfruta de juegos de fantasía con su hermana más pequeña, Diane. Va a la escuela y estudió mucho. Posteriormente, estudió francés en la Universidad de Exeter. Rowling dijo que está en un tren cuando se imaginó el primer libro de *Harry Potter*. *Harry Potter* se convirtió en un fenómeno y Rowling escribe seis libros más de *Harry Potter*.

1. ¿Por qué es importante que los verbos estén en el mismo tiempo?

_____

_____

_____

¡Hora de mejorar!

Regresa al borrador que escribiste en la página 140. Verifica para asegurarte de que todos los verbos estén en el mismo tiempo. Si no lo están, revísalos.

NOMBRE: _____ **FECHA:** _____

Instrucciones: Usa el símbolo ∨ para agregar rayas de diálogo a las oraciones.

1. ¡Quiero conocer a J. K. Rowling! exclamó Samantha.

2. Brian susurró:

   Desearía ser un escritor famoso.

3. La escritura necesita mucha concentración dijo la Sra. Temple.

4. Aún necesito corregir y revisar mi historia dijo Mary.

   Todavía no puedo publicarla.

5. Es difícil creer que J. K. Rowling pasó de estar desempleada

   a ser millonaria en tan solo cinco años afirmó mamá.

Práctica rápida ⏱

Instrucciones: Usa pistas contextuales para entender el significado de la palabra subrayada. Luego, escríbelo en la línea.

La escritora quedó exhausta después de que la editora le diera una larga lista de cosas que debía cambiar.

_____

¡Hora de mejorar! 🏅

Regresa al borrador que escribiste en la página 140. ¿Agregaste diálogos a la narración? Si no lo hiciste, intenta agregar algunos. Asegúrate de usar correctamente la puntuación y las rayas de diálogo.

NOMBRE: _____ **FECHA:** _____

Publicación

J. K. Rowling

Instrucciones: Imagina que estás entrevistando a J. K. Rowling. ¿Qué le preguntarías? ¿Sobre qué conversarían? Redacta un diálogo inventado entre ustedes dos. Incluye al menos tres preguntas con las respuestas correspondientes.

Preescritura

Mariposas

NOMBRE: _____ **FECHA:** _____

Instrucciones: Usa las palabras del banco de palabras para identificar el ciclo de vida de una mariposa. Luego, escribe una oración que muestre lo que sabes sobre el ciclo de vida.

Banco de palabras

pupa   larva   huevo   adulto

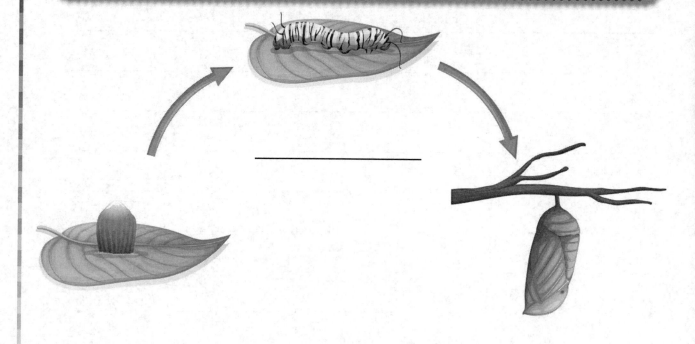

_____

_____

126828—180 Days of Writing—Spanish

Borrador

Mariposas

NOMBRE: _____ FECHA: _____

Instrucciones: Lee el párrafo. Subraya las oraciones de opinión. Luego, responde las preguntas.

Los insectos tienen seis patas. Mirar las mariposas brinda calma. Hay alrededor de 28,000 especies de mariposas en el mundo. Las cuatro etapas de metamorfosis son interesantes y complejas. Las mariposas tienen tres partes en el cuerpo.

1. ¿Cómo puede el autor mejorar el párrafo de opinión?

_____

_____

_____

2. ¿Estás de acuerdo con la opinión del autor? Explica tu razonamiento.

_____

_____

_____

¡Recuerda!

Una opinión expresa un sentimiento o un pensamiento.

Práctica para escribir en cursiva *abc*

Instrucciones: Usa letra cursiva para escribir las palabras *insecto* y *huevos*.

_____

_ _

_____

_ _

_____

NOMBRE: _____ **FECHA:** _____

Instrucciones: Lee la oración original. Escribe una lista de adjetivos que harían la oración más interesante. Luego, usa algunos adjetivos para escribir una oración de opinión nueva y mejorada.

Oración original

Las mariposas son insectos.

Adjetivos sobre las mariposas o los insectos

✓ _____

✓ _____

✓ _____

✓ _____

✓ _____

✓ _____

Mi oración de opinión nueva y mejorada

_____

_____

_____

NOMBRE: _____ **FECHA:** _____

Instrucciones: Usa el símbolo ∧ para agregar adverbios del banco de palabras a las oraciones.

> **Banco de palabras**
>
> cuidadosamente   lentamente   pacientemente   intensamente

1. Las coloridas alas de las mariposas son fascinantes.

2. La mariposa adulta nacerá de la pupa.

3. Las mariposas deben esperar a que sus alas se sequen antes del primer vuelo.

4. Las orugas adultas deben adherirse a los brotes o las ramas antes de liberarse de la piel.

¡Refuerza tu aprendizaje! 🚀

Los adverbios dicen algo de los verbos.

Ejemplo: La mariposa descansa **tranquilamente** en la rama del árbol.

NOMBRE: _____ FECHA: _____

Instrucciones: Lee el párrafo. Luego, responde las preguntas.

Las mariposas son los insectos más maravillosos del mundo. Tienen seis patas. Mirar las mariposas genera calma. Hay alrededor de 15,000 a 20,000 especies de mariposas en el mundo. Las cuatro etapas de metamorfosis son interesantes y complejas. Las mariposas tienen tres partes del cuerpo.

1. ¿Es este un párrafo de opinión sólido? Explica tu razonamiento.

   _____

   _____

   _____

2. ¿Qué consejo puedes darle al autor sobre cómo mejorar este párrafo?

   _____

   _____

   _____

Esta semana, aprendí lo siguiente:

- cómo identificar enunciados y opiniones
- cómo usar adjetivos para hacer mi escrito más interesante
- cómo agregar adverbios a las oraciones

NOMBRE: _____ **FECHA:** _____

Instrucciones: Lee datos sobre las abejas. ¿Te parecen interesantes las abejas? Escribe al menos dos notas que respalden por qué son interesantes las abejas y por qué podrían no ser interesantes.

- Las abejas son insectos.
- Si una abeja obrera usa su aguijón, muere.
- Las abejas tienen dos estómagos.
- Las abejas tienen dos pares de alas.
- Las abejas obreras son todas hembras.
- Solamente la reina de la colmena pone huevos.

Por qué son interesantes las abejas

Por qué no son interesantes las abejas

NOMBRE: _____ **FECHA:** _____

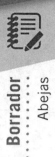

Borrador

Abejas

Instrucciones: ¿Crees que las abejas son interesantes? Redacta el borrador de un párrafo que exprese tu opinión. Menciona al menos tres razones que respalden tu opinión. Usa tus notas de la página 149 como ayuda para redactar el borrador de un párrafo de opinión.

_____

_____

_____

_____

_____

_____

_____

_____

_____

_____

_____

_____

¡Recuerda!

Un párrafo de opinión sólido incluye lo siguiente:

• una oración introductoria

• detalles que respaldan tu opinión

• una oración de conclusión

Práctica para escribir en cursiva *abc*

Instrucciones: Usa letra cursiva para completar la oración.

Las abejas son. . .

_____

_____

NOMBRE: _____ **FECHA:** _____

Instrucciones: Lee los enunciados basados en hechos. Luego, convierte cada uno en un enunciado de opinión.

> **Ejemplo**
>
> **Enunciado:** Las abejas macho se llaman zánganos.
>
> **Opinión:** Es interesante que las abejas macho se llamen *zánganos*.

1. Una abeja reina puede poner hasta 1,500 huevos por día.

   _____

   _____

2. Solo hay una abeja reina en una colonia completa.

   _____

   _____

Práctica rápida ⏱

Instrucciones: Escribe una palabra para cada categoría gramatical.

1. sustantivo:

2. verbo:

3. adjetivo:

4. adverbio:

¡Hora de mejorar!

Regresa al borrador que escribiste en la página 150. Revisa para asegurarte de haber incluido tu opinión. Si algunas de las oraciones no respaldan la opinión, revísalas.

Corrección
Abejas

NOMBRE: _____ **FECHA:** _____

Instrucciones: Usa el símbolo ∧ para agregar al menos tres adverbios al párrafo.

Las abejas obreras tiene el trabajo más duro de todas las abejas. Su lista de tareas incluye cuidar las crías, alimentar a la abeja reina, limpiar la colmena, almacenar polen y néctar en las celdillas, construir y reparar panales, y vigilar la colmena. No es extraño que vivan solo de tres a seis semanas. Aunque tienen vidas cortas, son valiosas.

¡Hora de mejorar!

Regresa al borrador que escribiste en la página 150. ¿Incluiste adverbios en tu escrito? Si no lo hiciste, intenta agregar algunos.

NOMBRE: _____ **FECHA:** _____

Publicación

Abejas

Instrucciones: ¿Crees que las abejas son interesantes? Escribe un párrafo que exprese tu opinión. Menciona al menos tres razones que respalden tu opinión.

_____

_____

_____

_____

_____

_____

_____

_____

_____

Preescritura
Galletas

NOMBRE: _____ **FECHA:** _____

Instrucciones: Observa las galletas. Escribe una oración que describa cada una.

_____

_____

_____

_____

_____

_____

_____

_____

_____

NOMBRE: _____ **FECHA:** _____

Instrucciones: Lee el párrafo de opinión. Cada oración debe tener un sustantivo. Subraya los sustantivos y luego coloca cada sustantivo en la columna correcta a continuación.

Las galletas son el mejor postre. Hay tantos tipos diferentes para elegir.

Son deliciosas con un vaso de leche. ¡Ponerlas en remojo es muy divertido!

Se comen de muchas maneras y vienen en muchos tamaños. Los diferentes

ingredientes son interminables; los mejores son las chispas de chocolate y las

granas. Hay un sabor y tamaño para cada persona.

Singular	Plural

Práctica para escribir en cursiva *abc*

Instrucciones: Completa la oración. Luego, vuelve a escribir la oración en letra cursiva.

No me interesan _____ las galletas.

_____

– –

_____

_____

Revisión Galletas

NOMBRE: _____ **FECHA:** _____

Instrucciones: Lee las oraciones. Luego, escribe pronombres personales para las palabras subrayadas.

1. ¡Hornear galletas es muy divertido! ¿<u>Quieres</u> hacerlo conmigo?

   _____

2. A Sally le encanta poner chispas de chocolate en la mezcla. <u>Sally</u> las incorpora cuidadosamente a la masa.

   _____

3. Las galletas se hornean durante 15 minutos y luego necesitan tiempo para enfriarse. Una vez que se enfriaron, <u>mamá y yo</u> las disfrutamos.

   _____

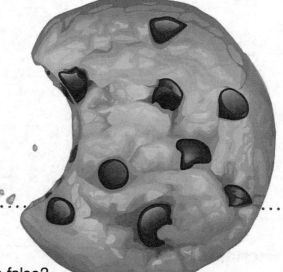

Práctica rápida ⏱

Instrucciones: ¿Verdadero o falso?

1. Se usa una coma para separar la ciudad del estado.

   _____

2. Se usa una coma para separar el día de la semana del resto de la fecha.

   _____

NOMBRE: _____ **FECHA:** _____

Instrucciones: Usa el símbolo ⹀ para marcar la mayúscula inicial en las palabras que corresponda en los títulos de libros.

1. *las galletas de ana son deliciosas* de Sara Smith

2. *en la cocina con matilde* de Henry Case

3. *la mejor guía para hornear* de Tim Jones

4. *¿qué hay en el horno de mirta?* de Laura Hall

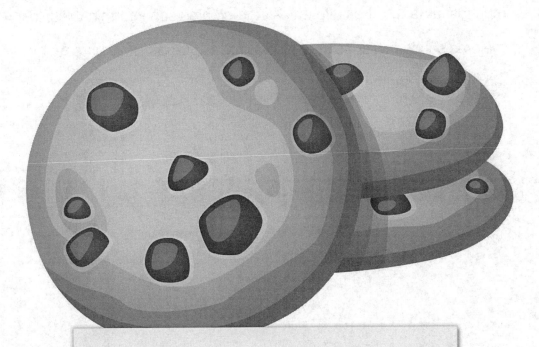

¡Refuerza tu aprendizaje!

Se escribe con mayúscula inicial solo la primera palabra del título de los libros y los nombres propios, si los hay. El resto de las palabras deben llevar minúscula inicial.

Publicación
Galletas

NOMBRE: _____ **FECHA:** _____

Instrucciones: Vuelve a leer el párrafo de opinión sobre las galletas. Agrega una idea secundaria para completar el párrafo.

Las galletas son el mejor postre. Hay tantos tipos diferentes para elegir. Son deliciosas con un vaso de leche. ¡Ponerlas en remojo es muy divertido! _____

_____

_____ . Son versátiles y vienen en muchos tamaños. Los diferentes ingredientes son interminables; los mejores son las chispas de chocolate y las granas. Hay un sabor y tamaño para cada persona.

Esta semana, aprendí lo siguiente:

- cómo identificar sustantivos
- cómo usar pronombres
- cómo usar mayúsculas en los títulos de libros

NOMBRE: _____ FECHA: _____

Instrucciones: Lee el enunciado. Luego, escribe al menos tres enunciados en cada columna.

El helado es el mejor postre.

De acuerdo	En desacuerdo

Borrador

Helado

NOMBRE: _____ **FECHA:** _____

Instrucciones: ¿El helado es el mejor postre? Redacta el borrador de un párrafo de opinión que explique lo que crees. Menciona al menos tres razones que respalden tu opinión. Usa tus notas de la página 159 como ayuda para redactar tu párrafo de opinión.

_____

_____

_____

_____

_____

_____

_____

_____

_____

_____

_____

_____

_____

Práctica para escribir en cursiva *abc*

Instrucciones: Usa letra cursiva para escribir tu sabor favorito de helado.

_____

_ _

_____

NOMBRE: _____ **FECHA:** _____

Instrucciones: Usa el símbolo ✐ para corregir los pronombres que estén usados incorrectamente.

> A mis hermanos y a mi nos encanta el helado. Ellas comeríamos helado todos los días si mis padres nos lo permitieran. A todos ustedes nos gusta más el helado de vainilla. Pero tú quiero probar el de vainilla con chocolate. Mi papá dice que yo me va a comprármelo.

¡Recuerda!

Usa pronombres en tu escrito para dar variedad a las oraciones. Esto hace que tu escrito sea más interesante.

Los **pronombres personales** incluyen *yo, tú, usted, él, ella, nosotros, nosotras, ellos, ellas*

¡Hora de mejorar! ⏰

Regresa al borrador que escribiste en la página 160. ¿Incluiste algún pronombre? Si lo hiciste, ¿los usaste correctamente? Si no lo hiciste, ¡corrígelos!

Corrección

Helado

NOMBRE: _____ **FECHA:** _____

Instrucciones: Usa el símbolo ═ para corregir los errores de uso de mayúsculas en los títulos de libros.

1. *una cucharada, dos cucharadas* de Sam Hunt

2. *nuevas recetas* de Michael Green

3. *el chocolate de sam* de Jeremy Lands

4. *haciendo helado con maría* de Lindsay Cooper

Práctica rápida

Instrucciones: Escribe correctamente los sustantivos plurales.

1. postre _____

2. pez _____

¡Hora de mejorar! 🎖

Regresa al borrador que escribiste en la página 160. Revisa para asegurarte de que hayas usado mayúscula inicial correctamente en las palabras donde sea necesario.

NOMBRE: _____ **FECHA:** _____

Instrucciones: ¿Crees que el helado es el mejor postre? Escribe un párrafo de opinión que explique lo que piensas. Menciona al menos tres razones que respalden tu opinión.

_____

_____

_____

_____

_____

_____

_____

_____

_____

_____

Preescritura

Volcanes activos

NOMBRE: _____   **FECHA:** _____

Instrucciones: Coloca marcas de verificación en los volcanes que contienen títulos para párrafos narrativos. Luego, responde la pregunta.

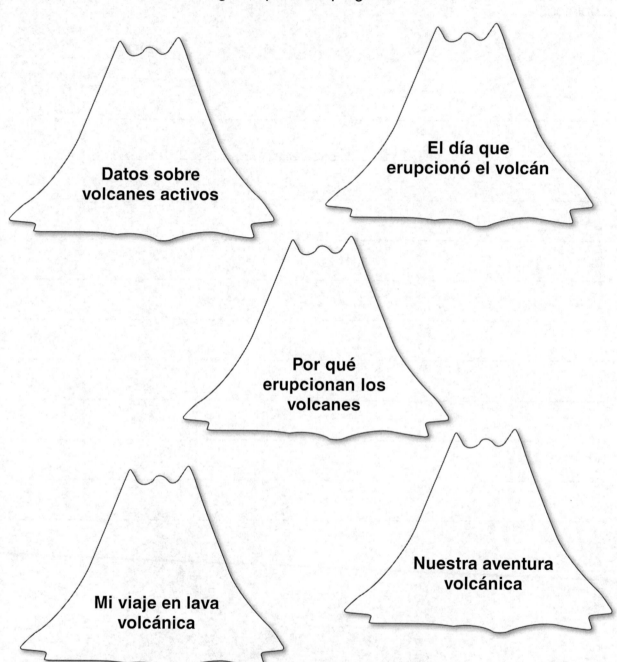

Datos sobre
volcanes activos

El día que
erupcionó el volcán

Por qué
erupcionan los
volcanes

Mi viaje en lava
volcánica

Nuestra aventura
volcánica

1. Explica por qué marcaste determinados volcanes.

_____

_____

_____

NOMBRE: _____ **FECHA:** _____

Instrucciones: Verifica el párrafo y observa si los sujetos y los verbos concuerdan correctamente. Hay tres verbos incorrectos. Escribe los verbos correctamente en las líneas a continuación.

Matías esperan expectante mientras su maestra está a punto de anunciar la siguiente unidad de ciencias. Su rostro se iluminas cuando ella revela que se trata de los volcanes. Matías saben algunos datos, pero se siente intrigado y quiere aprender más. La maestra explica que los estudiantes leerán libros, mirarán videos de ciencia y realizarán experimentos para comprender mejor la compleja unidad sobre volcanes. Matías no ve la hora de empezar.

1. _____

2. _____

3. _____

• •

Práctica para escribir en cursiva *abc*

Instrucciones: Escribe las palabras *volcán* y *erupcionar* en letra cursiva.

_____

_____

_____

_____

NOMBRE: _____ FECHA: _____

Instrucciones: Subraya los sujetos y encierra los verbos en las oraciones. Verifica si el sujeto y el verbo concuerdan correctamente. Si la oración es correcta, escribe *Correcto*. Si necesitas corregir una oración, vuelve a escribirla en las líneas a continuación. Se incluye el primer ejemplo.

1. El _volcán_ (provoca) daños cuando erupciona.

   Correcto _____

2. Las placas de la Tierra se mueve de un lado para otro.

   _____

   _____

3. La lava fluye del volcán.

   _____

   _____

4. Las erupciones volcánicas puedes liberar cenizas en el aire.

   _____

   _____

5. La lava se enfrían lentamente.

   _____

   _____

NOMBRE: _____ **FECHA:** _____

Instrucciones: Usa el símbolo ✍ para corregir las palabras con errores de ortografía en las oraciones.

1. Sara está entusiasmada por aprender máz sobre los volcanes.

2. Billy cree que el problema más grande es la destruxión que pueden causar los volcanes.

3. La clase quiere saver cuántos volcanes activos existen.

4. La Sra. Potter esplica las diferencias entre volcanes activos y latentes.

5. Los estudiantes se sorprendieron al saber que hai más de 1,500 volcanes actibos en el mundo.

Práctica rápida ⏱

Instrucciones: Subraya los adjetivos en las oraciones.

1. La lava roja fluye de los volcanes activos.

2. La corteza terrestre está formada por enormes bloques llamados placas.

Publicación

Volcanes activos

NOMBRE: _____   **FECHA:** _____

Instrucciones: Lee el párrafo. Luego, responde las preguntas.

Matías espera expectante mientras su maestra está a punto de anunciar la siguiente unidad de ciencias. Su rostro se ilumina cuando ella revela que se trata de los volcanes. Matías sabe algunos datos, pero se siente intrigado y quiere aprender más. La maestra explica que los estudiantes leerán libros, mirarán videos de ciencia y realizarán experimentos para comprender mejor la compleja unidad sobre volcanes. Matías no ve la hora de empezar.

1. ¿Qué hace que este sea un párrafo narrativo sólido?

   _____

   _____

   _____

2. ¿Cómo podría el autor hacerlo más interesante?

   _____

   _____

   _____

Esta semana, aprendí lo siguiente:

- cómo hacer que el sujeto y el verbo concuerden correctamente

- cómo corregir errores de ortografía

NOMBRE: _____ **FECHA:** _____

Preescritura
Volcanes latentes

Instrucciones: Lee la oración sobre los volcanes latentes. Luego, usa el siguiente cuadro para planificar un párrafo narrativo sobre una visita a un volcán latente.

Los volcanes latentes no han erupcionado durante un largo tiempo, pero aún podrían erupcionar.

Mi historia del volcán latente

Título:

Personajes

_____   _____

_____   _____

Problema

_____

_____

_____

_____

Solución

_____

_____

_____

_____

Borrador

Volcanes latentes

NOMBRE: _____ **FECHA:** _____

Instrucciones: Imagina que estás cerca de un volcán latente. Redacta el borrador de un párrafo narrativo sobre tu experiencia. Usa tus notas de la página 169 como ayuda para redactar el borrador del párrafo.

_____

_____

_____

_____

_____

_____

_____

_____

_____

_____

_____

¡Recuerda!

Un párrafo narrativo sólido tiene las siguientes características:

- incluye una oración introductoria y una oración de conclusión

- usa detalles sensoriales para describir la experiencia

- parece una historia

Práctica para escribir en cursiva *abc*

Instrucciones: Usa letra cursiva para escribir dos adjetivos que describan un volcán.

_____

- -

_____

- -

_____

NOMBRE: _____ **FECHA:** _____

Instrucciones: Escribe cinco oraciones completas. Cada oración debe usar un sujeto y un verbo del cuadro. Piensa en la concordancia entre el sujeto y el verbo cuando elijas.

Sujetos	Verbos
volcanes latentes	forman
científicos	cambian
lava	fluye
placas tectónicas	erupcionan
volcanes	creen

1. _____

2. _____

3. _____

4. _____

5. _____

¡Hora de mejorar!

Regresa al borrador que escribiste en la página 170. Asegúrate de que todas tus oraciones tengan concordancia entre sujeto y verbo.

NOMBRE: _____ **FECHA:** _____

Corrección

Volcanes latentes

Instrucciones: Usa el símbolo para corregir cualquier palabra con errores de ortografía en el párrafo.

¡Qué marabillosos son los volcanes! Ya sean activos, latentes o estinguidos, todos tienen cualidades únicas. Son de muchas formas y tamanos, y varían de lugar. Algunos son famosos por su tamaño y su poder de destruxión, desafortunadamente. Otros son famosos por su veyesa y funcionamiento. Mauna Kea es uno de los cinco volcanes que forman la isla grande de Hawái. ¡Ese sí que es un volcán increíble!

¡Hora de mejorar!

Regresa al borrador que escribiste en la página 170. Verifica para asegurarte de que todas las palabras estén escritas sin errores de ortografía.

NOMBRE: _____ **FECHA:** _____

Instrucciones: Imagina que estás cerca de un volcán latente. Escribe un párrafo narrativo sobre tu experiencia. Recuerda escribir en orden secuencial.

NOMBRE: _____ **FECHA:** _____

Preescritura · Caminata

Instrucciones: Coloca marcas de verificación en los círculos que tengan elementos que podrías necesitar en una caminata. Luego, responde la pregunta.

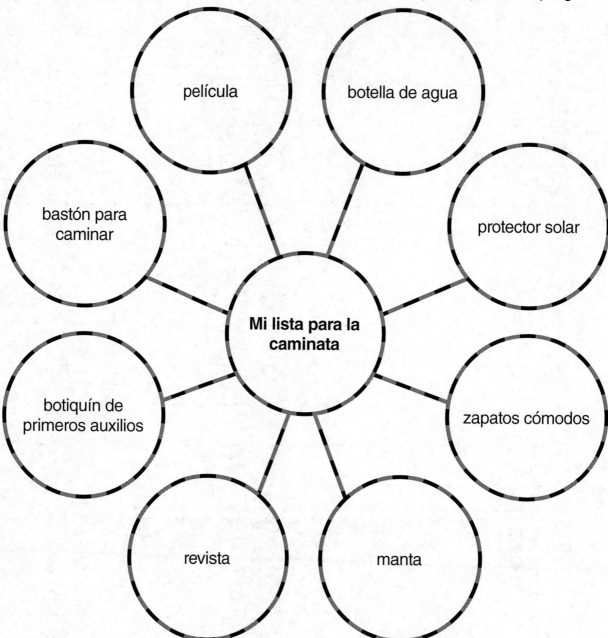

1. ¿Crees que caminar es una actividad divertida? Explica tu razonamiento.

_____

_____

_____

NOMBRE: _____ **FECHA:** _____

Instrucciones: Lee el párrafo. Encierra la opinión del autor. Luego, subraya las ideas secundarias.

Caminar es una fabulosa actividad al aire libre. Algunas personas la disfrutan, pero otras prefieren diferentes actividades al aire libre tales como correr, andar en bicicleta o nadar. Según el sendero, la caminata puede ser plana o cuesta arriba. Cualquiera que sea el camino, requiere mucha energía. El senderismo es muy buen ejercicio, y todos deberían probarlo al menos una vez.

Práctica para escribir en cursiva _abc_

Instrucciones: Usa letra cursiva para escribir las palabras *senderismo* y *naturaleza*.

_____

- -

_____

- -

_____

NOMBRE: _____ **FECHA:** _____

Instrucciones: Subraya los verbos en pasado en las oraciones. Luego, vuelve a escribir los verbos en presente.

1. A Liam le encantaba caminar en las montañas.

   _____

2. El perro de Amy, Jasper, tuvo dificultades para subir las colinas.

   _____

3. El sendero estaba oscuro y sombrío.

   _____

4. Un excursionista se recostó bajo la sombra del roble.

   _____

5. Melisa y Jacobo tenían mucha sed después de la larga caminata.

   _____

Práctica rápida ⏱

Instrucciones: Completa el espacio en blanco con el grado comparativo o superlativo del adjetivo.

1. El sendero nuevo era _____ que el sendero viejo. (largo)

2. La cantimplora de agua que tenía Sara era _____ de nuestro grupo. (grande)

NOMBRE: _____ **FECHA:** _____

Instrucciones: Encierra el verbo que concuerda con el sujeto. Tacha el verbo que no concuerda.

1. La camiseta del niño (estaba) (estaban) llena de sudor.

2. La botella de Sam (empezó) (empezaron) a gotear durante la caminata.

3. El papá de los niños (disfrutó) (disfrutaron) de la sombra después de la ardua caminata.

4. Cuando Billy empezó la caminata, se (acordó) (acordaron) de que el sol estaba fuerte. Así que se (puso) (pusieron) protector solar.

5. Los perros se (veía) (veían) cansados porque (corrió) (corrieron) tanto.

Publicación
Caminata

NOMBRE: _____ **FECHA:** _____

Instrucciones: Vuelve a leer el párrafo sobre senderismo. Elimina y revisa las oraciones que no respaldan completamente el tema. Vuelve a escribir un párrafo nuevo y mejorado a continuación.

Caminar es una fabulosa actividad al aire libre. Algunas personas la disfrutan, pero otras prefieren diferentes actividades al aire libre tales como correr, andar en bicicleta o nadar. Según el sendero, la caminata puede ser plana o cuesta arriba. Cualquiera que sea el camino, requiere mucha energía. El senderismo es muy buen ejercicio y todos deberían probarlo al menos una vez.

_____

_____

_____

_____

_____

_____

_____

_____

_____

Esta semana, aprendí lo siguiente:

- cómo identificar verbos
- cómo cambiar tiempos verbales al escribir

NOMBRE: _____ **FECHA:** _____

Preescritura

Acampar

Instrucciones: A unas personas les gusta acampar, a otras, no. Completa el cuadro con notas que respalden ambos puntos de vista. Luego, responde la pregunta.

Por qué es divertido acampar	Por qué no es divertido acampar

1. ¿Crees que acampar es divertido?

_____

Borrador

Acampar

NOMBRE: _____ **FECHA:** _____

Instrucciones: ¿Te gusta acampar? Redacta el borrador de un párrafo de opinión donde expliques por qué te gusta o no te gusta acampar. Incluye al menos tres razones que respalden tu opinión. Usa tus notas de la página 179 como ayuda para redactar el borrador de tu párrafo de opinión.

_____

_____

_____

_____

_____

_____

_____

_____

_____

_____

> **¡Recuerda!**
>
> Un párrafo de opinión sólido incluye lo siguiente:
>
> - una oración introductoria
> - detalles que respaldan tu opinión
> - una oración de conclusión

Práctica para escribir en cursiva *abc*

Instrucciones: Completa la oración. Luego, usa letra cursiva para volver a escribir la oración.

Prefiero _____ .

(caminar/acampar)

_____

_ _

_____

_ _

_____

NOMBRE: _____   **FECHA:** _____

Instrucciones: Lee el párrafo. Completa las oraciones con verbos en pasado.

Acampar fue una experiencia divertida. _____ el automóvil y armamos nuestra tienda de campaña tan pronto como llegamos. _____ con las herraduras y al voleibol. Mi papá _____ una fogata y, mientras tanto, mi mamá preparó la cena. _____ hamburguesas y perros calientes. Mi parte favorita fue el postre porque asamos malvaviscos y _____ *s'mores*. Antes de ir a dormir, contamos historias alrededor de la fogata. ¡Fueron las mejores vacaciones de toda mi vida!

¡Hora de mejorar!

Regresa al borrador que escribiste en la página 180. Verifica para asegurarte de que todos los verbos estén en el mismo tiempo. Si no lo están, corrígelos.

Corrección · Campíng

NOMBRE: _____ FECHA: _____

Instrucciones: Escribe en cada renglón la oración de manera correcta usando la concordancia de género y la contracción *del* cuando sea necesaria.

1. _____ llamas de _____ fuego eran muy altas y brillantes.

   _____

2. Escuchamos _____ sonido metálico de _____ herradura.

   _____

3. _____ rayos de _____ sol eran muy fuertes ese día.

   _____

4. Ayudamos a mi padre a poner _____ varas de _____ tienda de campaña.

   _____

Práctica rápida

Instrucciones: Explica la palabra subrayada usando las claves del contexto.

Necesitábamos dónde dormir así que <u>montamos</u> la tienda antes del anochecer.

_____

_____

¡Hora de mejorar!

Regresa al borrador que escribiste en la página 180. ¿Usaste contracciones? Si es así, asegúrate de haberlas usado de manera correcta.

NOMBRE: _____ **FECHA:** _____

Instrucciones: ¿Te gusta acampar? Escribe un párrafo de opinión donde expliques por qué te gusta o no te gusta acampar. Incluye al menos tres razones que respalden tu opinión.

_____

_____

_____

_____

_____

_____

_____

_____

_____

_____

_____

NOMBRE: _____ **FECHA:** _____

Instrucciones: Coloca marcas de verificación en los libros que contienen elementos que encontrarías en una biblioteca pública.

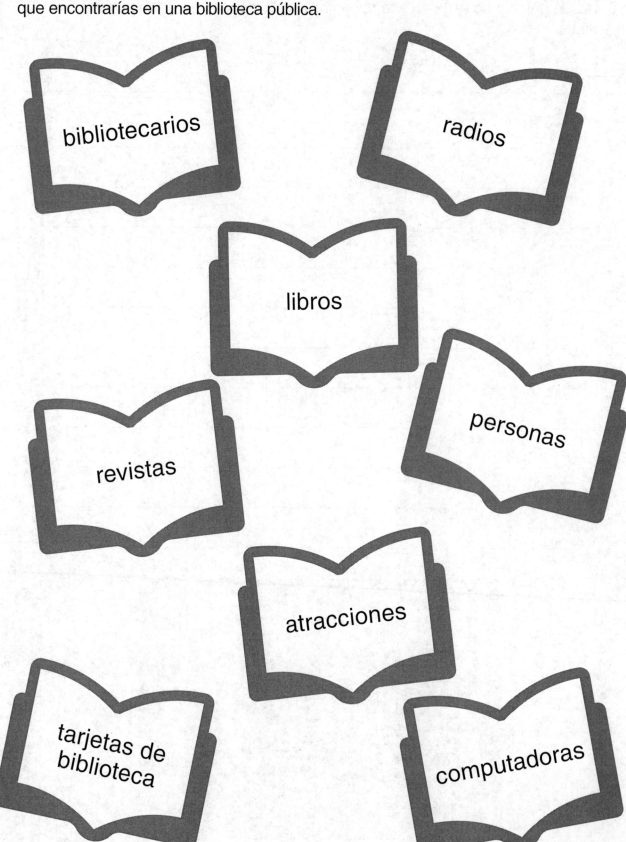

bibliotecarios

radios

libros

personas

revistas

atracciones

tarjetas de biblioteca

computadoras

NOMBRE: _____ **FECHA:** _____

Instrucciones: Lee el párrafo. Encierra las conjunciones coordinantes del párrafo. Luego, responde la pregunta.

Una clase de tercer grado llega a una biblioteca pública. Jade y Jake se sienten entusiasmados de estar en la biblioteca, pero no pueden encontrar sus tarjetas de biblioteca. Ni el maestro ni la bibliotecaria pueden encontrar las tarjetas. Mientras tanto, la clase realiza una investigación en las computadoras o busca libros adicionales para llevar en préstamo. Ya están todos en fila y listos para pedir prestado el material, cuando de repente, Jade grita:

—¡Jake, nuestras tarjetas estaban en mi bolsillo trasero todo el tiempo!

La clase apenas sale de la biblioteca pública; sin embargo, esperan volver pronto.

1. ¿Cómo ayuda que agreguemos conjunciones a las oraciones compuestas para que el lector comprenda el escrito?

_____

_____

_____

_____

_____

¡Recuerda!

Las conjunciones coordinantes conectan palabras, frases y oraciones coordinadas.

Práctica para escribir en cursiva *abc*

Instrucciones: Escribe el título de tu libro favorito en letra cursiva.

_____

_ _ _ _ _ _ _ _ _ _ _ _ _ _ _ _ _ _ _

_____

Revisión
Biblioteca pública

NOMBRE: _____ FECHA: _____

Instrucciones: Usa las palabras del banco de palabras para reemplazar las palabras subrayadas en las oraciones. Usa pistas contextuales de las oraciones como ayuda.

> ### Banco de palabras
>
> crear   ubicar   entusiasmada   reunieron

1. Jenny estaba <u>emocionada</u> de llevar de la biblioteca dos libros en lugar de uno solo.

   _____

2. La bibliotecaria me ayudó a <u>encontrar</u> el libro que estaba buscando.

   _____

3. Randy y sus amigos se <u>encontraron</u> en la biblioteca para estudiar juntos.

   _____

4. La bibliotecaria tuvo que <u>hacer</u> una tarjeta de biblioteca nueva para Henry.

   _____

Práctica rápida ⏱

Instrucciones: Escribe las categorías gramaticales de las palabras en negrita.

La **bibliotecaria** fue servicial y amigable. _____

Johnny susurraba **suavemente** cuando hablaba a su mamá. _____

El empleado me **dio** una nueva tarjeta de la biblioteca. _____

NOMBRE: _____ FECHA: _____

Instrucciones: Usa los símbolos ∧ y ∨ para agregar rayas al diálogo. Luego, responde la pregunta.

> Mami, tengo que entregar mi libro de la biblioteca dijo Molly. ¿Cuándo podemos ir a la biblioteca?
>
> Tendríamos tiempo mañana después de la escuela respondió mamá.
>
> Voy a buscar dos libros esta vez. Terminé este demasiado rápido.
>
> Me parece una gran idea. Solo que no olvides tu tarjeta de biblioteca esta vez sugirió mamá.
>
> Ya la estoy poniendo en mi mochila en este momento dijo Molly alegremente.

1. ¿Qué aporta un diálogo a un párrafo narrativo?

_____

_____

Publicación

Biblioteca pública

NOMBRE: _____ **FECHA:** _____

Instrucciones: Vuelve a leer el párrafo. Luego, responde las preguntas.

Una clase de tercer grado llega a una biblioteca pública. Jade y Jake se sienten entusiasmados de estar en la biblioteca, pero no pueden encontrar sus tarjetas de biblioteca. Ni el maestro ni la bibliotecaria pueden encontrar las tarjetas. Mientras tanto, la clase realiza una investigación en las computadoras o busca libros adicionales para llevar en préstamo. Su tiempo pasa rápidamente y ya están todos en fila y listos para pedir prestado el material, cuando de repente, Jade grita:

—¡Jake, nuestras tarjetas estaban en mi bolsillo trasero todo el tiempo!

La clase apenas sale de la biblioteca pública; y sin embargo, esperan volver pronto.

1. ¿Qué hace que esta sea una narración sólida?

_____

_____

_____

2. ¿Qué mejoras harías a la narración?

_____

_____

_____

Esta semana, aprendí lo siguiente:

- cómo identificar conjunciones coordinantes
- cómo usar pistas contextuales para comprender significados
- cómo corregir para incluir rayas de diálogo

NOMBRE: _____ **FECHA:** _____

Instrucciones: Coloca marcas de verificación en los buzones que tengan personas o cosas que podrías ver dentro de una oficina de correos.

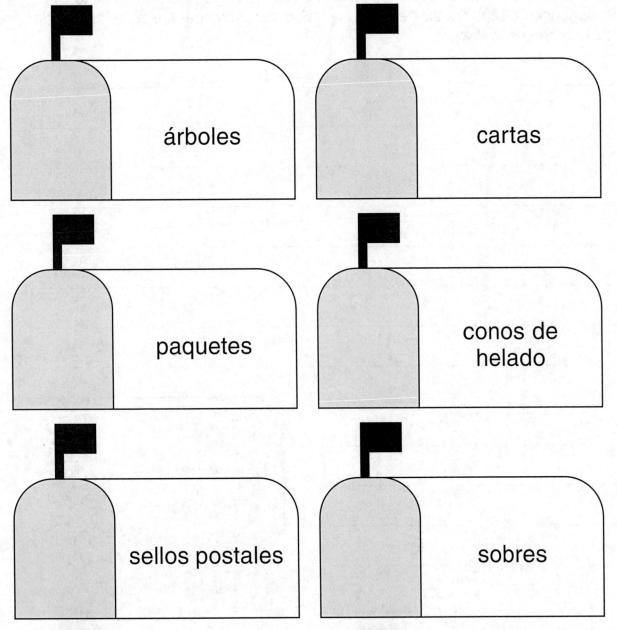

árboles

cartas

paquetes

conos de helado

sellos postales

sobres

empleados

perros

Borrador

Oficina de correos

NOMBRE: _____ **FECHA:** _____

Instrucciones: Imagina que necesitas enviar un paquete por correo y que acabas de llegar a la oficina de correos. ¿Qué haces a continuación? ¿Cómo te aseguras de que tu paquete se envíe? Redacta el borrador de una narración sobre tu experiencia. Usa tus notas de la página 189 como ayuda para redactar el borrador de tu párrafo narrativo.

_____

_____

_____

_____

_____

_____

_____

_____

_____

_____

> **¡Recuerda!**
>
> Una narración personal sólida:
>
> * trata sobre ti
> * tiene una introducción, un desarrollo y un final
> * parece una historia

Práctica para escribir en cursiva abc

Instrucciones: Escribe las palabras *carta* y *paquete* en letra cursiva.

_____

- -

_____

- -

_____

NOMBRE: _____ **FECHA:** _____

Instrucciones: Usa pistas contextuales para encontrar otra palabra con un significado similar a la palabra en negrita en cada oración. Luego, escribe las palabras nuevas en las líneas.

1. Los carteros son responsables de entregar el correo en los **domicilios** seis días a la semana.

   _____

2. La oficina de correos **depende** de la venta de estampillas, productos y servicios para financiar su funcionamiento.

   _____

3. El encargado del correo pesó el **paquete** para asegurar que tuviera puestas suficientes estampillas.

   _____

4. La oficina de correos se **congestiona** bastante durante la época de las festividades.

   _____

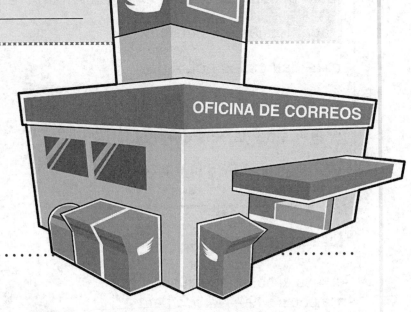

OFICINA DE CORREOS

¡Hora de mejorar!

Regresa al borrador que escribiste en la página 190. Busca palabras que puedan reemplazarse para hacer que tu escrito sea más interesante.

NOMBRE: _____ **FECHA:** _____

Instrucciones: Usa el símbolo para eliminar cualquier oración que no pertenezca al siguiente párrafo.

Mi hermana y yo caminamos hasta la oficina de correos para enviar nuestras notas de agradecimiento. Está a tan solo una cuadra de nuestra casa, entonces mi mamá nos deja ir caminando juntas. Hay un restaurante en la esquina. Recientemente hice mi fiesta de cumpleaños número nueve, y estaba tan agradecida por todos los maravillosos regalos, que necesitaba enviar notas de agradecimiento a todos los que vinieron. Para nuestra sorpresa, había una fila larga cuando llegamos a la oficina de correos. Había un árbol grande en el frente. Nos pusimos en la fila, y afortunadamente, un empleado amable se acercó y nos habló. Le dijimos por qué estábamos allí, y él estaba tan complacido con nuestra amabilidad de enviar notas de agradecimiento que nos llevó justo al comienzo de la fila. A mi mamá le encanta escribir notas. Pagamos las estampillas, entregamos las notas de agradecimiento al caballero y, antes de darnos cuenta, ya estábamos de vuelta en casa.

¡Hora de mejorar!

Regresa al borrador que escribiste en la página 190. Verifica para asegurarte de que todas las oraciones se relacionen con el tema. Si no es así, táchalas o revísalas.

NOMBRE: _____ **FECHA:** _____

Instrucciones: Imagina que necesitas enviar un paquete por correo y que acabas de llegar a la oficina de correos. ¿Qué haces a continuación? ¿Cómo te aseguras de que tu paquete se envíe? Escribe una narración sobre tu experiencia.

_____

_____

_____

_____

_____

_____

_____

_____

_____

CLAVE DE RESPUESTAS

The activity pages that do not have specific answers to them are not included in this answer key. Students' answers will vary on these activity pages, so check that students are staying on task.

Semana 1: Animales del desierto

Día 1 (page 14)

Students should check the following: Los animales del desierto tienen adaptaciones que les permiten sobrevivir en el desierto; Los lagartos se esconden debajo de las rocas para protegerse del sol; La mayoría de los animales del desierto pasan el tiempo bajo tierra.

Día 2 (page 15)

1. Los animales del desierto deben adaptarse al calor extremo y a la falta de agua.
2. El autor debería incluir una oración de conclusión para mejorar el párrafo.

Día 3 (page 16)

1. C
2. I—Los camellos **caminan** por las dunas de arena.
3. I—El lagarto se **entierra** debajo de una roca.
4. I—Los animales del desierto se **adaptan** a su entorno.

Día 4 (page 17)

1. año
2. desiertos
3. extensos
4. pesos
5. camellos

Día 5 (page 18)

Verb corrections: es—son; necesita—necesitan; tiene—tienen; conserva—conservar

1. Example answer: En el párrafo se brindan datos y detalles sobre el desierto. No se desvía del tema.

Semana 2: Animales de la tundra

Día 1 (page 19)

Students should check the following: Tienen adaptaciones para sobrevivir.

Tienen exposición mínima de la piel para mantenerse cálidos.

Estos animales hibernan o emigran en el invierno.

Siempre hay una fluctuación en la población.

Hay alrededor de 48 animales diferentes en la tundra.

El animal más grande de la tundra es el oso polar.

Día 4 (page 22)

1. garra
2. ardillas
3. rayos
4. pelaje

Día 5 (page 23)

See Informative/Explanatory Writing Rubric on page 203.

Semana 3: Verano/Otoño

Día 1 (page 24)

1. O
2. O
3. V
4. O
5. V
6. V
7. O
8. V

Día 2 (page 25)

Students should circle: El verano es la mejor época del año.

Students should underline: Ir a la playa, tomar clases de natación y salir de vacaciones son algunas de mis actividades preferidas.

Día 3 (page 26)

1. Sara **aprendió** a rastrillar las hojas.
2. Él **talló** la calabaza el sábado.
3. Los niños **fueron** a la playa con sus padres.
4. Ben **jugó** con su pelota de playa en la piscina.

Día 4 (page 27)

Sentences include: Ir a la playa, tomar clases de natación y salir de vacaciones son algunas de mis actividades preferidas. Le encanta ir al parque para perros, jugar a atrapar la pelota y nadar en la piscina.

Día 5 (page 28)

1. El autor opina que el otoño es la estación perfecta para disfrutar al aire libre.
2. El autor incluye las razones por las que cree que el otoño es la temporada perfecta, como caminar por senderos y jugar al fútbol.

Semana 4: Invierno/Primavera

Día 3 (page 31)

1. planta
2. caen
3. usan
4. salen
5. van

Día 4 (page 32)

1. Me gusta esquiar, practicar snowboard y construir hombres de nieve en el invierno.
2. ¡Hay nieve, rocas y hielo por todas partes!
3. Las flores, los árboles y los arbustos comienzan a brotar en primavera.
4. Puedes ver mariposas, pájaros y abejas volando por el jardín.

CLAVE DE RESPUESTAS *(cont.)*

Día 5 (page 33)

See Opinion Writing Rubric on page 202.

Semana 5: Animales silvestres

Día 2 (page 35)

Opinions: Los lobos son excelentes cazadores; Su habilidad para trabajar juntos es excepcional.

Día 3 (page 36)
1. más grandes
2. más altas
3. más fuertes
4. los más veloces
5. más feroces

Día 4 (page 37)

Capitalize: Algunos, Delfines, También, Los, Pacífico, Atlántico, Sus

Día 5 (page 38)
1. Example answer: El autor utiliza oraciones como "Su habilidad para trabajar juntos es excepcional" y "Los lobos que cazan en el Ártico tienen que recorrer distancias más largas que aquellos que cazan en el bosque".

Semana 6: Mascotas

Día 1 (page 39)

Possible answers: tiene un dueño, es alimentada por los humanos, es paseada con correa, vive en una jaula.

Día 3 (page 41)

Possible adjectives: mullido, suave, grande, velludo, pequeño

Día 4 (page 42)

Capitalize: Los, Los, Además, Simplemente

Día 5 (page 43)

See Opinion Writing Rubric on page 202.

Semana 7: Continentes

Día 1 (page 44)

Antarctica opinion: Disfruto mucho de jugar en la nieve.

Africa opinion: La variedad de animales silvestres que puedes ver en un safari es sorprendente.

North America opinion: Los 50 estados son todos muy interesantes.

Asia opinion: Me gustan mucho las tradiciones que celebran los países de Asia.

Día 2 (page 45)

Adjectives: segundo, grande, largo, grande, caluroso, rica. **Note:** You may wish to include articles as adjectives.
1. Los adjetivos ayudan a hacer el párrafo más interesante.

Día 4 (page 47)

Spelling corrections: pasado, ahora, rodeados, y, países, cual, deriva

Día 5 (page 48)
1. El párrafo tiene muchos datos que dan información sobre el tema, África.
2. Un párrafo más informativo puede incluir información sobre los animales que viven en África.

Semana 8: Cuerpos de agua

Día 2 (page 50)

Possible answers: El océano Pacífico es muy grande. El Lago Superior es uno de los Grandes Lagos de Michigan. El río Nilo es el más largo del mundo. El océano Atlántico baña la costa este de Estados Unidos.

Día 3 (page 51)

Incomplete sentences: El océano Atlántico casi la mitad del tamaño del océano Pacífico; En el Atlántico muchas islas, incluidas las Bahamas y Groenlandia.

Día 4 (page 52)
1. también
2. rodeado
3. cuerpo
4. Mediterráneo
5. grandes

Día 5 (page 53)

See Informative/Explanatory Writing Rubric on page 203.

Semana 9: Cumpleaños

Día 2 (page 55)

ansiosa**mente**; cuidadosa**mente**; **re**hacer; general**mente**; **super**mal; **sobre**exceso
1. Ayudan a agregar detalles al párrafo.

Día 3 (page 56)
1. pacíficamente
2. urgentemente
3. alegremente
4. extremadamente
5. cuidadosamente

Día 4 (page 57)
1. —¡Escuchen! Es hora de cortar la torta —dijo la mamá de Jacob.
2. —¡Estos juegos inflables son muy divertidos! —exclamó Sam.
3. La madre de Jacob dijo: —¡No olviden llevar sus bolsitas de dulces!
4. —Este pastel de chocolate es delicioso —dije.

Día 5 (page 58)

Sara estaba muy entusiasmada por su fiesta de cumpleaños. Los abuelos fueron los primeros en llegar. Luego, llegaron muchos amigos y algunos miembros de la familia. Primero, jugaron algunos juegos; el de las sillas fue el preferido. Sara disfrutó al abrir sus regalos a continuación. Por último, todos saborearon el delicioso pastel de chocolate.

CLAVE DE RESPUESTAS *(cont.)*

Semana 10: Días festivos

Día 4 (page 62)

Cuando llega la hora de comer, mi mamá nos reúne:
—Olivia, el banquete está por comenzar.

Y yo respondo:
—¡Bravo, enseguida voy!

Mi abuela dice reiteradamente:
—Es tan lindo verlos. ¡Los he extrañado!

Los miembros de mi familia exclaman:
—También te hemos extrañado, abuela. Ahora, ¡disfrutemos de este encuentro al máximo!

Día 5 (page 63)

See Narrative Writing Rubric on page 204.

Semana 11: Tornados

Día 1 (page 64)

oscuros, brillantes, grandes, con forma de embudo, catastróficos

Día 2 (page 65)

torbellinos; rápidamente; millas; giran; tornados

Día 3 (page 66)

1. Correcta tal como está.
2. El <u>aire</u> **gira** hacia arriba.
3. Correcta tal como está.
4. Los <u>tornados</u> **tocan** la tierra.

Día 4 (page 67)

Capitalized: A; Los; Kansas; Oklahoma; Texas; Los

Quick Practice:

1. inmenso, gris, deshabitada
2. cincuenta, central

Semana 12: Terremotos

Día 1 (page 69)

1. D
2. O
3. D
4. D
5. D
6. D
7. O
8. D

Día 3 (page 71)

In order: La corteza terrestre; Estas placas; Algunos terremotos

Día 4 (page 72)

1. Las placas tectónicas se **movieron** de un lado a otro, provocando un pequeño terremoto.
2. Los terremotos son, a veces, bastante **aterradores** y las personas sienten pánico.
3. **Los** deslizamientos de tierra son frecuentes después de un gran terremoto debido al movimiento del suelo.
4. La **tremenda** fuerza de un terremoto puede causar grandes daños.
5. **Las** olas de los tsunamis pueden ser grandes y arruinar ciudades enteras o un país pequeño.
6. La cantidad de daños que un **terremoto** puede causar está relacionada con su profundidad.

Día 5 (page 73)

See Informative/Explanatory Writing Rubric on page 203.

Semana 13: Transporte aéreo

Día 1 (page 74)

Student answers will vary. Possible answers: helicóptero—pequeño, flota, no tiene alas; avión—grande, tiene alas, transporta muchos pasajeros; ambos—vuelan, pueden transportar gente

Día 2 (page 75)

Student answers will vary. Possible sentences: Vince no podía creer cuán rápido había pasado el tiempo; Vince estaba orgulloso de sí mismo por haberse mantenido ocupado y por ser valiente; El aterrizaje fue suave y Vince estaba feliz de haber llegado nuevamente a tierra.

Día 3 (page 76)

1. Landon cree que los helicópteros son fascinantes porque pueden quedar suspendidos en el aire sin moverse.
2. Los helicópteros son un medio de transporte muy útil, por eso el oficial Frank los usa para proteger a las personas.

Semana 14: Transporte terrestre

Día 1 (page 79)

Student answers will vary. Possible answers: auto, camión, bicicleta, patineta, camioneta, autobús, tren, subterráneo

Día 3 (page 81)

Student answers will vary. Possible answers: montar, detenerse, pedalear, empujar, girar

Día 4 (page 82)

Student answers will vary. Possible answers:

1. velozmente
2. seriamente
3. lentamente
4. cuidadosamente
5. inmediatamente

Día 5 (page 83)

See Narrative Writing Rubric on page 204.

CLAVE DE RESPUESTAS *(cont.)*

Semana 15: Superhéroes

Día 1 (page 84)

Possible answers: valientes, robustos, serviciales, heroicos, amables

Día 2 (page 85)

Una parte importante de la historia del entretenimiento; Gusta leer sobre los superhéroes.

Día 3 (page 86)

1. La fuerza de un superhéroe **es** enorme.
2. El poder de un superhéroe **es** su mejor característica.
3. Las batallas de los superhéroes siempre **son** intensas.

Quick Practice:

1. El sujeto es la persona o cosa que realiza la acción.
2. Un verbo muestra una acción.

Día 4 (page 87)

1. es
2. son, debilitan
3. es, da
4. es
5. son

Día 5 (page 88)

1. Expresa el pensamiento o los sentimientos de una persona.
2. Context clues may include: son una parte importante de la historia del entretenimiento; les gusta leer sobre los superhéroes; hace que sean interesantes; es una experiencia emocionante

Semana 16: Villanos

Día 1 (page 89)

Possible answers include: fuertes, decididos, inteligentes, flexibles, valientes

Día 3 (page 91)

1. Los poderes de un villano **son** malvados.
2. **Es** maravilloso que los enemigos de los villanos los **venzan**.
3. **Es** interesante cómo el ego de los villanos **puede** hacer que pierdan.
4. La maldad de un villano **puede** ser dañina para la gente a su alrededor.

Día 4 (page 92)

eran—son; era—es; creí—creo; pudieron—puedan

Día 5 (page 93)

See Opinion Writing Rubric on page 202.

Semana 17: Gran Cañón

Día 1 (page 94)

1. dato
2. opinión
3. dato
4. dato
5. opinión

Día 2 (page 95)

El Gran Cañón ubicado en Arizona; Vivido alrededor del Gran Cañón durante miles de años.

Día 3 (page 96)

1. el más limpio
2. más estrecho
3. más profundo
4. el más famoso
5. más ancho

Quick Practice: Las personas/viajan en helicóptero para conocer el cañón.

Día 4 (page 97)

notre—norte; huna—una; compesto—compuesto; core—corre

Quick Practice:

1. pirámides
2. países
3. cuerpos

Día 5 (page 98)

El Gran Cañón está ubicados **(ubicado)** en Arizona. Mide 277 millas (446 kilómetros) de largo. Es uno de los cañones grandes **(más grandes)** del mundo. El río Colorado atravesa **(atraviesa)** el Gran Cañón. Indígenas americanos han vivido alrededor del Gran Cañón durante miles de años. Las personas disfruta **(disfrutan)** visitando este hermoso lugar. Los visitantes, a menudo, hacen excursiones por el cañón o practican rafting dentro del río.

Semana 18: Pirámides egipcias

Día 1 (page 99)

Complete sentences: Varían en tamaño; Tomó mucho tiempo construir cada pirámide; Las pirámides son fascinantes; La base de las pirámides es un cuadrado.

Día 3 (page 101)

1. más
2. más grande
3. más alta
4. mucho más
5. más pequeñas

Día 4 (page 102)

Existen muchos datos únicos sobre las pirámides. La Gran Pirámide de **Giza** apunta al norte. Todas las pirámides de **Egipto** se construyeron al oeste del río **Nilo**. La base de las pirámides siempre era un cuadrado perfecto. Las pirámides se construyeron principalmente con piedra caliza. Había trampas y maldiciones en las pirámides para tratar de mantener alejados a los ladrones. Es increíble lo **avanzada** que era la cultura hace miles de años.

Día 5 (page 103)

See Informative/Explanatory Writing Rubric on page 203.

CLAVE DE RESPUESTAS *(cont.)*

Semana 19: Thomas Edison

Día 3 (page 106)

1. Es posible que Thomas Edison sea el inventor más grande de la historia ya que tiene más de 1,000 patentes.
2. Thomas Edison construyó un laboratorio de investigación, con el propósito de realizar invenciones.
3. Thomas Edison nació en Milan, Ohio, y más tarde se mudó a Michigan.

Día 4 (page 107)

Menlo Park, NJ; Milan, OH; Port Huron, MI; Rocky Point, CA

Semana 20: Benjamin Franklin

Día 3 (page 111)

1. simple
2. compuesta
3. compuesta
4. simple
5. simple

Día 4 (page 112)

1. Boston, Massachusetts
2. Londres, Inglaterra
3. Albany, Nueva York
4. Filadelfia, Pensilvania

Día 5 (page 113)

See Narrative Writing Rubric on page 204.

Semana 21: Pulpos

Día 1 (page 114)

Los pulpos tienen ocho brazos; Los tentáculos permiten que los pulpos tomen objetos; Los pulpos tienen todo tipo de colores; Los pulpos no tienen huesos en el cuerpo.

Día 3 (page 116)

1. y
2. pero
3. ni
4. así
5. pero

Día 4 (page 117)

Spelling errors: ora—hora, casa—caza, siega—ciega, grabe—grave, asecho—acecho

Día 5 (page 118)

Possible answers include: La zona alrededor de los ojos, los brazos y las ventosas puede oscurecerse, así, los pulpos parecen más amenazadores; Los pulpos pueden alcanzar una velocidad de 25 mph (40 kph), pero no pueden mantenerla durante mucho tiempo.

Semana 22: Tiburones

Día 1 (page 119)

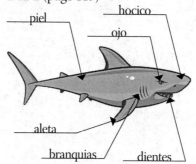

piel, hocico, ojo, aleta, branquias, dientes

Día 3 (page 121)

1. y
2. así que
3. aunque

Día 4 (page 122)

1. ecsitosos—exitosos
2. facinantes—fascinantes
3. manbídulas—mandíbulas
4. diztinta—distinta
5. qedan—quedan

Día 5 (page 123)

See Informative/Explanatory Writing Rubric on page 203.

Semana 23: Planetas

Día 1 (page 124)

Students should star the following: Hay ocho planetas en nuestro sistema solar. La Tierra es uno de los planetas de nuestro sistema solar. Júpiter es el planeta más grande. Marte es apodado el Planeta Rojo por su polvo de color rojo. Mercurio es el planeta más cercano al Sol. Los planetas exteriores incluyen Júpiter, Saturno, Urano y Neptuno.

Día 2 (page 125)

Students should cross out the following: Me gustan los cohetes. A las personas les gusta mirar películas del espacio. ¿Viajarías al espacio?

Día 3 (page 126)

1. menos
2. el planeta más brillante
3. más
4. más grande
5. más grande
6. más liviano

Quick Practice:

1. Mercurio, Venus, la Tierra
2. cometas, polvo, lunas

Día 4 (page 127)

Corrections in order as they appear: Planetas—planetas; plutón—Plutón; a—A; venus—Venus; júpiter—Júpiter; urano—Urano; Roca—roca; júpiter—Júpiter

Día 5 (page 128)

Hay ocho planetas en nuestro sistema solar, incluido nuestro planeta, la Tierra. Júpiter es el planeta más grande. Marte es apodado el Planeta Rojo por su polvo de color rojo. Mercurio y Venus son los planetas más cercanos al Sol. Las nubes amarillas de Venus reflejan la luz solar con mucho brillo. Los planetas exteriores incluyen Júpiter, Saturno, Urano y Neptuno. Un dato interesante sobre Saturno son sus numerosas lunas; tiene alrededor de 53 lunas conocidas.

CLAVE DE RESPUESTAS *(cont.)*

Semana 24: El Sol y la Luna

Día 1 (page 129)

Possible answers: El Sol es una estrella. El Sol es muy caliente. La Luna es brillante durante la noche. Podemos ver la Luna de noche.

Día 3 (page 131)

1. las más grandes
2. la más alta
3. más fuerte
4. más cerca
5. más grande

Quick Practice:

1. superficie
2. mareas, fuerza
3. superficie, cráteres

Día 4 (page 132)

1. **La** primera **persona** en pisar la Luna fue **Neil Armstrong**.
2. **Un** eclipse lunar ocurre cuando la **Tierra** está entre el Sol y la Luna.
3. **La** Luna orbita alrededor de la **Tierra** cada 27.3 días.
4. **Muchas** civilizaciones han adorado al Sol por su gran importancia.
5. **Un** eclipse solar **ocurre** cuando la Luna está entre la Tierra y el **Sol**.

Día 5 (page 133)

See Informative/Explanatory Writing Rubric on page 203.

Semana 25: Eric Carle

Día 1 (page 134)

Students should check mark the following: ¿Cuál libro de los que ha escrito es el más significativo para usted?; ¿Qué otros trabajos ha tenido?; ¿Qué pasos sigue cuando escribe un libro?; ¿Cuál es el título del primer libro que escribió?; ¿Cuándo comenzó a dibujar?

Día 2 (page 135)

1. El diálogo hace que el texto sea más interesante y ayuda al lector a entender lo que está sucediendo entre los personajes.

Día 3 (page 136)

usó—usa; Pintó—Pinta; creó—crea; hizo—hace

Quick Practice: bota, sierra, banco

Día 4 (page 137)

—Cuando crezca quiero ser escritora —dijo Molly.

—Puedes ser cualquier cosa que desees, siempre y cuando trabajes duro —afirmó Eric Carle.

—Estoy dispuesta a trabajar muy duro. Lo prometo —dijo Molly sonriendo—. Un día, leerá un libro de la famosa Molly —proclamó ella.

Semana 26: J. K. Rowling

Día 3 (page 141)

nace—nació, disfruta—disfrutó, Va—fue, está—estaba, escribe—escribió

Día 4 (page 142)

1. —¡Quiero conocer a J. K. Rowling! —exclamó Samantha.
2. Brian susurró:
   —Desearía ser un escritor famoso.
3. —La escritura necesita mucha concentración —dijo la Sra. Temple.
4. —Aún necesito corregir y revisar mi historia —dijo Mary—. Todavía no puedo publicarla.
5. —Es difícil creer que J. K. Rowling pasó de estar desempleada a ser millonaria en tan solo cinco años —afirmó mamá.

Quick Practice: agotada, abrumada

Día 5 (page 143)

See Narrative Writing Rubric on page 204.

Semana 27: Mariposas

Día 1 (page 144)

huevo, larva, pupa, adulto

Día 2 (page 145)

Opinions: Mirar las mariposas brinda calma. Las cuatro etapas de metamorfosis son interesantes y complejas.

Día 3 (page 146)

Possible answers: hermosas, interesantes, coloridas, pequeñas (hermosos, interesantes, coloridos, pequeños)

Día 4 (page 147)

1. son intensamente fascinantes
2. nacerá lentamente
3. esperar pacientemente
4. adherirse cuidadosamente

Día 5 (page 148)

1. No, es necesario que tenga por lo menos tres detalles sólidos que respalden la opinión de que las mariposas son tan maravillosas.
2. El autor debería dejar de lado datos simples (como seis patas o tres divisiones en el cuerpo) y agregar al párrafo datos más originales y menos conocidos.

Semana 28: Abejas

Día 3 (page 151)

Possible answers include:

1. Es increíble que una abeja pueda poner hasta 1,500 huevos por día.
2. No parece justo que haya solo una abeja reina en toda la colonia.

Día 5 (page 153)

See Opinion Writing Rubric on page 202.

CLAVE DE RESPUESTAS *(cont.)*

Semana 29: Galletas

Día 2 (page 155)

Singular nouns: postre, vaso, leche, remojo, chocolate, sabor, tamaño, persona

Plural nouns: galletas, tipos, maneras, tamaños, ingredientes, chispas, granas

Día 3 (page 156)

1. Tú
2. Ella
3. Nosotras

Quick Practice:

1. Verdadero
2. Falso—no se usa coma en las fechas.

Día 4 (page 157)

1. *Las galletas de Ana son deliciosas*
2. *En la cocina con Matilde*
3. *La mejor guía para hornear*
4. *¿Qué hay en el horno de Mirta?*

Día 5 (page 158)

Possible answers: No puede faltar un largo vaso de leche; Algunas son grandes y otras son diminutas.

Semana 30: Helado

Día 3 (page 161)

A mis hermanos y a **mí** nos encanta el helado. **Nosotros** comeríamos helado todos los días si mis padres nos lo permitieran. A todos **nosotros** nos gusta más el helado de vainilla. Pero **yo** quiero probar el de vainilla con chocolate. Mi papá dice que **él** va a comprármelo.

Día 4 (page 162)

1. *Una* cucharada, dos cucharadas
2. *Nuevas* recetas
3. *El chocolate de Sam*
4. *Haciendo* helado con *María*

Quick Practice:

1. postres
2. peces

Día 5 (page 163)

See Opinion Writing Rubric on page 202.

Semana 31: Volcanes activos

Día 1 (page 164)

Students should mark the following titles: El día que erupcionó el volcán, Mi viaje en lava volcánica, Nuestra aventura volcánica.

Día 2 (page 165)

1. esperan—espera
2. iluminas—ilumina
3. saben—sabe

Día 3 (page 166)

1. Correcto.
2. Las placas de la Tierra se **mueven** de un lado para otro.
3. Correcto. La lava **fluye** del volcán.
4. Las erupciones volcánicas **pueden** liberar cenizas en el aire.
5. La lava se **enfría** lentamente.

Día 4 (page 167)

1. más
2. destrucción
3. saber
4. explica
5. hay, activos

Quick Practice:

1. roja, activos
2. terrestre, enormes

Semana 32: Volcanes latentes

Día 3 (page 171)

Possible subject-verb pairs: volcanes latentes (no) erupcionan; científicos creen; lava fluye; placas tectónicas cambian; volcanes forman

Día 4 (page 172)

Corrections in order as they appear: marabillosos—maravillosos; estinguidos—extinguidos; tamanos—tamaños; destruxión—destrucción; veyesa—belleza.

Día 5 (page 173)

See Narrative Writing Rubric on page 204.

Semana 33: Caminata

Día 1 (page 174)

Students should mark the following circles: bastón para caminar, botella de agua, protector solar, zapatos cómodos, botiquín de primeros auxilios.

Día 2 (page 175)

Students should circle: Caminar es una fabulosa actividad al aire libre. Students' underlining will vary.

Día 3 (page 176)

1. encanta
2. tiene
3. está
4. recuesta
5. tienen

Quick Practice:

1. más largo
2. la más grande

Día 4 (page 177)

1. estaba
2. empezó
3. disfrutó
4. acordó, puso
5. veían, corrieron

Día 5 (page 178)

Students should delete the following sentence: Algunas personas la disfrutan, pero otras prefieren diferentes actividades al aire libre tales como correr, andar en bicicleta o nadar.

CLAVE DE RESPUESTAS *(cont.)*

Semana 34: Acampar

Día 3 (page 181)

Possible answers include:
Descargamos, Jugamos, encendió, Cocinó, comimos

Día 4 (page 182)

Gender and number agreement:

1. Las, del
2. el, la
3. Los, del
4. las, la

Quick Practice: *Montamos* significa armamos, o arreglamos.

Día 5 (page 183)

See Opinion Writing Rubric on page 202.

Semana 35: Biblioteca pública

Día 1 (page 184)

Students should check the following: bibliotecarios, libros, revistas, personas, tarjetas de biblioteca, computadoras

Día 2 (page 185)

Students should circle *pero, o* and *sin embargo.*

1. Agregar conjunciones a las oraciones compuestas ayuda al lector a entender el texto porque las conjunciones ayudan a conectar ideas o frases relacionadas.

Día 3 (page 186)

1. entusiasmada
2. ubicar
3. reunieron
4. crear

Quick Practice: sustantivo, adverbio, verbo

Día 4 (page 187)

—Mami, tengo que entregar mi libro de la biblioteca —dijo Molly—. ¿Cuándo podemos ir a la biblioteca?

—Tendríamos tiempo mañana después de la escuela —respondió mamá.

—Voy a buscar dos libros esta vez. Terminé este demasiado rápido.

—Me parece una gran idea. Solo que no olvides tu tarjeta de biblioteca esta vez —sugirió mamá.

—Ya la estoy poniendo en mi mochila en este momento —dijo Molly alegremente.

1. El diálogo aporta interés al párrafo.

Día 5 (page 188)

Possible answers include:

1. La narración tiene personajes, un escenario, un conflicto y un desenlace.
2. Tal vez agregaría algún detalle acerca de por qué están ellos allí, y más específicamente, en qué tipo de proyecto están trabajando.

Semana 36: Oficina de correos

Día 1 (page 189)

Mailboxes that should be checked include: cartas, paquetes, sellos postales, sobres, empleados

Día 3 (page 191)

Possible answers include:

1. hogares
2. necesita
3. envoltorio
4. llena

Día 4 (page 192)

Sentences that don't belong: Hay un restaurante en la esquina. Había un árbol grande en el frente. A mi mamá le encanta escribir notas.

Día 5 (page 193)

See Narrative Writing Rubric on page 204.

OPINION WRITING RUBRIC

Directions: Evaluate students' work in each category by circling one number in each row. Students have opportunities to score up to five points in each row and up to 15 points total.

	Exceptional Writing	Quality Writing	Developing Writing
Focus and Organization	Clearly states an opinion that is relevant to the topic. Demonstrates clear understanding of the intended audience and purpose of the piece. Organizes ideas in a purposeful way and includes an introduction, a detailed body, and a conclusion.	States an opinion that is relevant to the topic. Demonstrates some understanding of the intended audience and purpose of the piece. Organizes ideas and includes an introduction, a body, and a conclusion.	States an unclear opinion that is not fully relevant to the topic. Demonstrates little understanding of the intended audience or purpose of the piece. Does not include an introduction, a body, or a conclusion.
Points	5 4	3 2	1 2
Written Expression	Uses descriptive and precise language with clarity and intention. Maintains a consistent voice and uses an appropriate tone that supports meaning. Uses multiple sentence types and transitions smoothly between ideas.	Uses a broad vocabulary. Maintains a consistent voice and supports a tone and feeling through language. Varies sentence length and word choices.	Uses a limited or an unvaried vocabulary. Provides an inconsistent or a weak voice and tone. Provides little to no variation in sentence type and length.
Points	5 4	3 2	1 2
Language Conventions	Capitalizes, punctuates, and spells accurately. Demonstrates complete thoughts within sentences, with accurate subject-verb agreement. Uses paragraphs appropriately and with clear purpose.	Capitalizes, punctuates, and spells accurately. Demonstrates complete thoughts within sentences and appropriate grammar. Paragraphs are properly divided and supported.	Incorrectly capitalizes, punctuates, and spells. Uses fragmented or run-on sentences. Utilizes poor grammar overall. Paragraphs are poorly divided and developed.
Points	5 4	3 2	1 2

Total Points: _____

INFORMATIVE/EXPLANATORY WRITING RUBRIC

Directions: Evaluate students' work in each category by circling one number in each row. Students have opportunities to score up to five points in each row and up to 15 points total.

	Exceptional Writing	Quality Writing	Developing Writing
Focus and Organization	Clearly states the topic and purposefully develops it throughout the writing. Demonstrates clear understanding of the intended audience and purpose of the piece. Organizes the information into a well-supported introduction, body, and conclusion.	States the topic and develops it throughout the writing. Demonstrates some understanding of the intended audience and purpose of the piece. Organizes the information into an introduction, body, and conclusion.	Does not state the topic and/or develop it throughout the writing. Demonstrates little understanding of the intended audience or purpose of the piece. Fails to organize the information into an introduction, body, or conclusion.
Points	5 4	3 2	1 2
Written Expression	Uses descriptive and precise language with clarity and intention. Maintains a consistent voice and uses an appropriate tone that supports meaning. Uses multiple sentence types and transitions smoothly between ideas.	Uses a broad vocabulary. Maintains a consistent voice and supports a tone and feeling through language. Varies sentence length and word choices.	Uses a limited or an unvaried vocabulary. Provides an inconsistent or a weak voice and tone. Provides little to no variation in sentence type and length.
Points	5 4	3 2	1 2
Language Conventions	Capitalizes, punctuates, and spells accurately. Demonstrates complete thoughts within sentences, with accurate subject-verb agreement. Uses paragraphs appropriately and with clear purpose.	Capitalizes, punctuates, and spells accurately. Demonstrates complete thoughts within sentences and appropriate grammar. Paragraphs are properly divided and supported.	Incorrectly capitalizes, punctuates, and spells. Uses fragmented or run-on sentences. Utilizes poor grammar overall. Paragraphs are poorly divided and developed.
Points	5 4	3 2	1 2

Total Points: _____

NARRATIVE WRITING RUBRIC

Directions: Evaluate students' work in each category by circling one number in each row. Students have opportunities to score up to five points in each row and up to 15 points total.

	Exceptional Writing	Quality Writing	Developing Writing
Focus and Organization	Identifies the topic of the story and maintains the focus throughout the writing. Develops clear settings, a strong plot, and interesting characters. Demonstrates clear understanding of the intended audience and purpose of the piece. Engages the reader from the opening hook through the middle to the conclusion.	Identifies the topic of the story, but has some trouble maintaining the focus throughout the writing. Develops settings, a plot, and characters. Demonstrates some understanding of the intended audience and purpose of the piece. Includes an interesting opening, a strong story, and a conclusion.	Fails to identify the topic of the story or maintain focus throughout the writing. Does not develop strong settings, plot, or characters. Demonstrates little understanding of the intended audience or purpose of the piece. Provides lack of clarity in the beginning, middle, and/or conclusion.
Points	5 4	3 2	1 2
Written Expression	Uses descriptive and precise language with clarity and intention. Maintains a consistent voice and uses an appropriate tone that supports meaning. Uses multiple sentence types and transitions smoothly between ideas.	Uses a broad vocabulary. Maintains a consistent voice and supports a tone and feeling through language. Varies sentence length and word choices.	Uses a limited or an unvaried vocabulary. Provides an inconsistent or a weak voice and tone. Provides little to no variation in sentence type and length.
Points	5 4	3 2	1 2
Language Conventions	Capitalizes, punctuates, and spells accurately. Demonstrates complete thoughts within sentences, with accurate subject-verb agreement. Uses paragraphs appropriately and with clear purpose.	Capitalizes, punctuates, and spells accurately. Demonstrates complete thoughts within sentences and appropriate grammar. Paragraphs are properly divided and supported.	Incorrectly capitalizes, punctuates, and spells. Uses fragmented or run-on sentences. Utilizes poor grammar overall. Paragraphs are poorly divided and developed.
Points	5 4	3 2	1 2

Total Points: _____

204   *126828—180 Days of Writing—Spanish*   © *Shell Education*

OPINION WRITING ANALYSIS

Directions: Record each student's rubric scores (page 202) in the appropriate columns. Add the totals every two weeks and record the sums in the Total Scores column. You can view: (1) which students are not understanding the opinion genre and (2) how students progress after multiple encounters with the opinion genre.

Student Name	Week 4	Week 6	Week 16	Week 28	Week 30	Week 34	Total Scores
Average Classroom Score							

INFORMATIVE/EXPLANATORY WRITING ANALYSIS

Directions: Record each student's rubric score (page 203) in the appropriate columns. Add the totals every two weeks and record the sums in the Total Scores column. You can view: (1) which students are not understanding the informative/explanatory genre and (2) how students progress after multiple encounters with the informative/explanatory genre.

Student Name	Week 2	Week 8	Week 12	Week 18	Week 22	Week 24	Total Scores
Average Classroom Score							

NARRATIVE WRITING ANALYSIS

Directions: Record each student's rubric score (page 204) in the appropriate columns. Add the totals every two weeks and record the sums in the Total Scores column. You can view: (1) which students are not understanding the narrative genre and (2) how students progress after multiple encounters with the narrative genre.

Student Name	Week 10	Week 14	Week 20	Week 26	Week 32	Week 36	Total Scores
Average Classroom Score							

EL PROCESO DE ESCRITURA

PASO 1. PREESCRITURA

Piensa en el tema. Haz una lluvia de ideas y organiza lo que quieres incluir en tu escrito.

PASO 2. BORRADOR

Usa tus ideas de la lluvia de ideas para escribir el primer borrador. No te preocupes por los errores. Será el primer borrador.

PASO 3. REVISIÓN

Lee tu primer borrador. Piensa en el vocabulario que usaste y en cómo está organizado tu escrito. Luego, haz las modificaciones correspondientes para mejorar tu escrito.

PASO 4. CORRECCIÓN

Vuelve a leer el borrador que revisaste. Verifica que no haya errores de ortografía, de puntuación ni de gramática. Usa marcas de corrección para corregir los errores.

PASO 5. PUBLICACIÓN

Crea una versión final de tu escrito en la que incluyas las modificaciones de la versión corregida. Asegúrate de volver a leer tu trabajo para verificar que no haya errores.

MARCAS DE CORRECCIÓN

Marcas de corrección	Nombres de los símbolos	Ejemplo
≡	símbolo de mayúsculas	david devoró las uvas.
/	símbolo de minúsculas	Mi madre Me abrazó cuando Regresé a Casa.
⊙	símbolo para insertar punto	La nubes bailaban en el cielo .
ort ○	símbolo para revisar la ortografía	La historia me hiso reír.
∿	símbolo para cambiar de posición	¿Cómo hoy estás?
∧	símbolo para insertar	¿Me pasarías la pizza?
∧,	símbolo para insertar comas	Tengo dos gatos dos perros y un pez de colores.
∨ ∨	símbolo para insertar raya de diálogo	Es increíble grito.
℘	símbolo de eliminación	¿Me llamarás llamarás por teléfono esta noche?
¶	símbolo para indicar párrafo nuevo	... en el árbol. Después del almuerzo, pasé el día...
#	símbolo para agregar espacio	Corrí haciael árbol.

CONSEJOS PARA LOS ESCRITOS DE OPINIÓN

Pregúntate...   ## Recuerda...

¿Estoy suficientemente convencido de mi opinión como para poder convencer a otros de que piensen lo mismo?

→ Asegúrate de que puedas respaldar tu opinión con ejemplos específicos.

¿He enunciado mi opinión de manera que capte la atención del lector?

→ Comienza con una pregunta o un enunciado audaz que incluya tu opinión.

¿Tengo al menos tres fundamentos basados en datos reales que respalden mi opinión?

→ Incluye al menos tres fundamentos sólidos por los que el lector debería coincidir contigo.

¿Cuento con un ejemplo para cada fundamento que fortalezca mi argumento?

→ Cada fundamento debe estar seguido de un ejemplo contundente.

¿Existe un orden lógico en mi escrito?

→ Mantente enfocado. Procura llevar un orden lógico para presentar cada fundamento y ejemplo.

¿Estoy usando transiciones graduales para relacionar mis pensamientos y permitir que mi escrito fluya?

→ Usa palabras de transición tales como *primero*, *además*, *otro motivo* y *lo que es más importante*.

¿Mi conclusión enuncia nuevamente mi opinión?

→ No olvides volver a presentar tu opinión en la oración final.

¿He escrito correctamente las palabras, y he usado la gramática y la puntuación de manera correcta?

→ Repasa lo que has escrito. Luego, verifica que no haya errores.

CONSEJOS PARA LOS ESCRITOS INFORMATIVOS/EXPLICATIVOS

Pregúntate. . .

Recuerda. . .

¿Proporciono suficiente información sobre el tema?

→ Asegúrate de incluir datos reales sobre el tema en tu escrito para informar al lector.

¿He limitado el tema?

→ Elige un aspecto del tema sobre el que quieras escribir.

¿Tiene mi escrito algo atrapante?

→ Comienza con una oración temática sólida que capte la atención del lector.

¿Presento mi información en un orden lógico?

→ Mantente enfocado. Comienza cada párrafo con una oración temática y agrega detalles.

¿He incluido suficiente información para hacer que el lector se interese y quiera aprender aún más?

→ Finaliza con una oración contundente que haga que el lector desee aprender más acerca del tema.

¿He escrito correctamente las palabras, y he usado la gramática y la puntuación de manera correcta?

→ Repasa lo que has escrito. Luego, verifica que no haya errores.

CONSEJOS PARA LOS ESCRITOS NARRATIVOS

Pregúntate. . .

Recuerda. . .

Pregúntate	Recuerda
¿Soy el personaje principal? ¿La historia se cuenta desde mi punto de vista?	Eres parte de la historia, cuentas dónde te encuentras, lo que ves, quién te acompaña y lo que haces.
¿Tiene mi historia algo atrapante?	Incluye una oración introductoria emocionante que haga que el lector quiera seguir leyendo.
¿Tiene sentido mi historia, además de una introducción, un desarrollo y un final?	Mantente enfocado. Procura mantener un orden lógico de cómo transcurrió la experiencia.
¿Estoy usando transiciones para conectar mis pensamientos y ayudar a que fluya el escrito?	Usa palabras de transición tales como *primero, a continuación, luego, otro* y *finalmente.*
¿Estoy incluyendo detalles y lenguaje sensorial que enriquezcan el escrito para que el lector forme imágenes en su mente?	Usa muchos adjetivos e incorpora lenguaje figurado, como metáforas o símiles para que tu historia cobre vida.
¿Resume mi conclusión la idea principal?	Incorpora una oración o dos de reflexión sobre lo que has escrito.
¿He escrito correctamente las palabras, y he usado la gramática y la puntuación de manera correcta?	Repasa lo que has escrito. Luego, verifica que no haya errores.

Escritura de opinión

Escritura explicativa/informativa

Escritura narrativa

DIGITAL RESOURCES

Accessing the Digital Resources

The digital resources can be downloaded by following these steps:

1. Go to **www.tcmpub.com/digital**

2. Sign in or create an account.

3. Click **Redeem Content** and enter the ISBN number, located on page 2 and the back cover, into the appropriate field on the website.

4. Respond to the prompts using the book to view your account and available digital content.

5. Choose the digital resources you would like to download. You can download all the files at once, or you can download a specific group of files.

ISBN:
9781087648736

Please note: Some files provided for download have large file sizes. Download times for these larger files will vary based on your download speed.

 # CONTENTS OF THE DIGITAL RESOURCES

Teacher Resources

- Informative/Explanatory Writing Analysis
- Narrative Writing Analysis
- Opinion Writing Analysis
- Writing Rubric
- Writing Signs

Student Resources

- Peer/Self-Editing Checklist
- Editing Marks
- Practice Pages
- The Writing Process
- Writing Prompts
- Writing Tips